LA MORT HEUREUSE

HANS KÜNG

LA MORT HEUREUSE

TRADUIT DE L'ALLEMAND PAR
JEAN-LOUIS SCHLEGEL

ÉDITIONS DU SEUIL
25, bd Romain-Rolland, Paris XIVe

CE LIVRE EST PUBLIÉ
SOUS LA RESPONSABILITÉ ÉDITORIALE DE JEAN-LOUIS SCHLEGEL

Titre original : *Glücklich sterben ?*
Éditeur original : Piper Verlag GmbH, Munich

ISBN original : 978-3-492-05673-1

ISBN : 978-2-02-123622-4

www.seuil.com

À mes médecins, thérapeutes et soignants
Et à tous ceux qui m'ont soutenu,
Avec ma gratitude

Avant-propos personnel

« Vous mettez en péril l'œuvre incomparable de votre vie par votre intervention décidée pour que chacun assume ses responsabilités en mourant. » C'est ainsi ou avec des mots de ce genre que de nombreux amis et lecteurs se sont exprimés oralement ou par écrit après la parution du troisième tome de mes Mémoires, en octobre 2013*. Je prends ces reproches très au sérieux, car je ne voudrais pas, malgré tout, qu'on ne se souvienne de moi plus tard que pour ces propos concernant l'« aide à mourir ». En effet, en dernière instance, on ne peut porter un jugement équilibré sur ma position par rapport à la mort que si l'on connaît quelque peu mes réflexions, tout au long de ma vie, sur des thèmes fondamentaux comme la question de Dieu, l'existence chrétienne, la vie éternelle, l'Église, l'œcuménisme, les religions du monde, une éthique mondiale…

Je me reconnais aujourd'hui comme hier dans la première des quatre « injonctions inconditionnelles » d'une éthique mondiale : l'« engagement en faveur d'une culture du respect de toute vie », proclamée par le Parlement des religions du monde à Chicago, en 1993 : « Des grandes et antiques traditions religieuses et éthiques, nous recueillons l'injonction : *Tu ne tueras point !* Ou, positivement : *Respecte la vie !* Méditons donc encore une fois, de façon

* En all. : *Erlebte Menschlichkeit* (« Humanité vécue »), Piper, 2013 (non traduit). Les deux premiers tomes ont été traduits aux Éd. du Cerf (t. I : *Mon combat pour la liberté*, 2006, et t. II : *Une vérité contestée*, 2010). Dans le texte allemand, les indications bibliographiques étaient mises en pleine page ; nous avons choisi de les descendre en note avec astérisques. Les notes du traducteur sont indiquées comme telles (*NdT*).

neuve, les conséquences de cette injonction : tout homme a droit à la vie, à l'intégrité corporelle et au libre déploiement de sa personnalité pour autant qu'il ne blesse pas les droits des autres. Nul homme n'a le droit de faire souffrir physiquement ou psychiquement, de blesser voire de tuer un autre humain. » Mais précisément parce que « la personne humaine a une valeur infinie et qu'elle doit être inconditionnellement protégée », et ce jusqu'à la fin, il faut réfléchir à ce que cela signifie à l'époque d'une médecine ultraperformante, capable de faire mourir quasiment sans souffrances, mais aussi, dans beaucoup de cas, de différer considérablement le moment de la mort.

Ce sont ces questions que je voudrais ici regarder en face, tout à fait ouvertement, et ce faisant je ne voudrais justement décevoir aucun de ceux que j'ai pu éclairer, à bien des égards, durant des décennies. Néanmoins, je reçois par ailleurs tout autant d'approbations et d'encouragements de personnes religieuses que de gens non religieux : ils me remercient d'avoir eu le courage d'aborder avec compétence et honnêteté, précisément comme théologien chrétien – et même, disons-le, catholique –, cette question de l'aide à mourir, émotionnellement et politiquement très chargée, et pour cette raison même objet de débats contradictoires.

Il importe donc de distinguer entre le large consensus qui entoure le respect profond de la vie et les divergences sur les formes possibles d'une aide à mourir. Dans les documents venus de l'éthique planétaire, on trouve assurément en général un vif plaidoyer en faveur du respect de la vie, mais aucune prise de position sur la question particulière de l'aide à mourir, du fait que pour l'instant il n'existe aucun consensus sur ce problème ni entre les religions du monde ni au sein de chaque religion en particulier.

Ma démarche concernant l'aide à mourir relève absolument de mon initiative personnelle, et non pas de la Fondation pour une éthique planétaire. C'est pourquoi je prie, en toute humilité, ceux qui partagent mes idées de continuer à me soutenir, et ceux qui les rejettent de chercher peut-être à mieux les comprendre. C'est à cette fin que j'ai écrit ce livre. Ce n'est pas un ouvrage totalement nouveau – je me suis interdit d'en faire dans mes discours d'adieu en 2013 –, et pourtant c'est un opuscule qui devrait fournir à chaque lecteur la possibilité d'un éclairage et d'un approfondissement.

Je suis plein de reconnaissance d'avoir eu encore assez de forces pour achever ce livre. Car dans la phase finale de sa rédaction, je sens combien mes forces diminuent et aussi que mainte activité intellectuelle me demande un gros effort. Il est hors de doute qu'on pourrait ajouter des détails et des précisions supplémentaires dans certains passages – même si mon livre n'a nullement la prétention d'éclairer définitivement la question complexe de l'aide à mourir. Il veut au contraire apporter une contribution à un débat de longue haleine et faire entendre la voix d'un théologien chrétien, lui-même existentiellement concerné par ces problèmes.

Je remercie de tout cœur tous ceux dont les nombreux conseils et les informations de grande portée m'ont aidé pour traiter de cette thématique complexe, ainsi que tous ceux qui ont participé de façon très pratique à la naissance de ce livre.

Tübingen, juin 2014
Hans Küng

Note sur la traduction

Dans l'Avant-propos qui précède, l'expression « aide à mourir » est la traduction littérale du mot allemand *Sterbehilfe* (on aurait aussi pu traduire « aide *au* mourir »). C'est le mot que Hans Küng emploie en général dans ce livre pour désigner ce que l'on appelle aussi « aide au suicide » ou « suicide assisté » ou « accompagné », ou encore « aide à la fin de vie », ou par l'euphémisme « mourir dans la dignité ». Dans plusieurs dictionnaires allemand-français, *Sterbehilfe* est aussi traduit par « euthanasie », et, en effet, Küng n'a pas contre ce mot les préventions qui l'accompagnent souvent : comme il s'en explique, la *Sterbehilfe,* l'« aide à mourir », est assez proche d'une « eu-thanasie » bien comprise.

L'allemand possède deux mots pour désigner la mort, ou les deux moments successifs de la mort : *das Sterben* désigne le fait ou le processus de « mourir », la « mort en train de se produire », et donc le « mourir », tandis que *der Tod* signifie la mort accomplie. *Das Sterben* est l'infinitif substantivé du verbe *sterben,* « mourir », qui donne à son tour le participe présent *sterbend,* « mourant », et *der Sterbende,* « le mourant », « le moribond » ou « l'agonisant ». Au substantif *der Tod* correspond l'adjectif *tot,* « mort » et *der Tote,* le mort (mais le verbe *töten* signifie « tuer »). Le mot le plus courant dans cet ouvrage est donc *sterben* (le verbe), que nous traduisons par « mourir », et *das Sterben* (le substantif) que nous traduisons en général par « le mourir » ou « le fait de mourir » et parfois aussi, pour des raisons de légèreté stylistique, par « mort ».

INTRODUCTION
Peut-il y avoir une mort heureuse ?

Le fait de mourir et le bonheur ne sont-ils pas de clairs opposés ? « Ce type a eu encore une fois de la chance », dit-on de quelqu'un qui a frôlé la mort dans un accident de la route. Et on veut signifier par là le *bonheur de la bonne fortune,* une situation pour laquelle l'anglais et le latin ont, avec *luck* et *fortuna,* un mot propre*. De même, avec *happiness* et *beatitudo,* ces deux langues ont un mot spécifique pour désigner le *bonheur de la réalisation.*

L'homme peut vivre au quotidien le petit bonheur de l'instant concrètement vécu – par exemple grâce à un mot de bonté, un geste amical ou la gratitude pour une bonne action qu'il a accomplie. Il lui arrive même d'éprouver par moments, brièvement, le grand bonheur d'un événement vécu intense – par exemple dans l'ivresse de la musique, lors d'un événement naturel qui le submerge, dans l'extase de l'amour.

Il y a une seule chose dont l'homme est incapable : conférer de la durée à un moment d'heureuse euphorie. Il ne le peut ni avec de l'argent ni par de l'alcool ou des drogues. Certes, des informations très diverses dans le cerveau humain sont susceptibles de produire des endorphines, des hormones du bonheur, et de susciter des sentiments de bonheur euphoriques. Mais l'accoutumance finit par les émousser : notre système neurobiologique du bonheur n'est pas réglé pour durer. La supplique par laquelle Faust implore l'instant d'un suprême bonheur : « Demeure donc, tu es si beau ! » n'est pas due au hasard – et n'est pas exaucée.

* Le français aussi parle de « chance » dans ce cas de figure – d'où notre traduction. En allemand, *Glück* signifie les deux : le bonheur et la chance (*NdT*).

Certes, il semble que l'homme ait une autre possibilité : au lieu d'une euphorie durable, le *sentiment durable d'un bonheur de fond,* qui l'empêche de perdre espoir même dans des situations désespérées, mais au contraire porte sa confiance. Concrètement, cela veut dire ceci : un consentement foncier à la vie telle qu'elle vient, sans pour autant consentir à tout. Un sentiment de bonheur de fond veut donc dire : une vie en harmonie, en phase avec soi-même. Et là je me pose la question : une telle attitude de fond ne peut-elle se maintenir, malgré la considérable fragilité et le caractère éphémère de l'homme, jusqu'au cœur même de sa mort ?

L'*ars moriendi* ou « art de mourir » me préoccupe depuis que mon frère Georg a dû souffrir durant des mois, dans les années cinquante, d'une tumeur au cerveau inguérissable, avant de mourir étouffé par l'eau dans ses poumons. Cette idée s'est imposée à moi spécialement depuis que, à partir de 2005 environ, mon cher collègue et ami Walter Jens a été, bien qu'il fût excellemment soigné, perdu dans sa démence jusqu'à sa mort en 2013. Ces choses vécues ont renforcé ma conviction : ce n'est pas ainsi que je veux mourir ! Mais en même temps elles m'ont clairement fait comprendre qu'il ne fallait pas manquer le moment pour une mort dont je répondrais moi-même.

C'est la position que nous avions adoptée dans les années 1990, Walter Jens, l'homme de lettres, et moi-même lors de cours communs donnés dans le cadre du *Studium Generale* de l'université de Tübingen et dans un livre commun paru en 1995, intitulé *Mourir d'une mort digne de l'homme : un plaidoyer pour qu'on prenne ses responsabilités** ; pour la nouvelle édition de cet ouvrage en 2009, j'y ai ajouté « Vingt thèses sur l'aide à mourir » et Inge Jens l'a complété par un précieux témoignage personnel.

Finalement, dans le dernier chapitre du troisième tome de mes Mémoires, paru en 2013 et intitulé *Humanité vécue***, j'ai fait

* En all. : *Menschenwürdig sterben : ein Plädoyer für Selbstverantwortung*, Piper, Munich, 1995 (non trad. en fr).

** Cf. ci-dessus, note de la p. 9.

le récit de ma propre maladie (maladie de Parkinson, dégénérescence maculaire, polyarthrite dans les doigts) et décrit mon attitude devant la mort. J'ai exposé cela tout à fait ouvertement, en particulier pour éveiller dans l'opinion publique allemande, toujours marquée par le traumatisme collectif des crimes nazis commis contre la « vie (prétendument) indigne d'être vécue », de la compréhension pour les problèmes actuels d'une fin de vie rejetée de plus en plus loin grâce à des moyens artificiels.

Pour moi, refuser de prolonger indéfiniment ma vie temporelle fait partie de l'art de vivre et de ma foi dans une vie éternelle. Quand le temps sera venu, j'aurai le droit, pour autant que j'en serai capable, de décider, en prenant personnellement mes responsabilités, du moment et de la manière de mourir. Si cela m'est accordé, je serais content de mourir en pleine conscience et de me séparer dignement des gens qui me sont chers. Mourir *heureux* signifie pour moi une mort sans tristesse et sans douleur de la séparation, une mort *dans un consentement* total, dans un acquiescement profond et dans la paix intérieure. C'est ce que signifie aussi, du reste, le mot du grec ancien *euthanasia,* entré dans beaucoup de langues modernes mais détourné de son sens de manière abjecte par les nazis : l'*eu-thanasia* était une « mort bonne », « juste », « légère », « belle », « heureuse ».

Par conséquent, un *Requiescat in pace*, un « Qu'il/elle repose en paix ». Tout ce qui restait à ordonner étant en ordre, dans un esprit de gratitude et une prière confiante. Il ne s'agit pas seulement ici de représentations désirables. Je connais des personnes qui sont mortes heureuses dans ce sens : ma mère en fait partie. Cette attitude repose en dernière instance pour moi sur l'espérance d'une vie éternelle, où l'échec sera définitivement banni, dans une dimension autre de paix et d'harmonie, d'amour durable et de bonheur sans fin. Voilà mon idée, nourrie par la Bible, d'une mort heureuse.

Dès à présent, il en découle à l'évidence qu'une mort heureuse dans ce sens n'a rien de commun avec un « suicide » lugubre, décidé de mon propre chef, de surcroît planifié dans le but de défier les autorités de l'Église, comme l'ont insinué plusieurs voix dans les médias, mais aussi des courriers que j'ai reçus. Mais certains représentants de la « doctrine de l'Église », dont mes opinions s'écartent, n'ont manifestement pas encore compris que notre conception tant du début que de la fin humaine est elle aussi partie prenante d'un changement de paradigme historique, qu'il est aussi impossible de déchiffrer et de maîtriser avec les lunettes et la conceptualité de la théologie médiévale qu'avec celles de l'orthodoxie protestante. Il est évident qu'il faut prendre en compte aujourd'hui le formidable allongement de la vie, sur le fond de progrès, naguère inconcevables, de la médecine et de l'hygiène modernes ; en même temps, il faut prendre en compte les vues postmodernes correctrices quant aux limites d'une médecine qui avance exclusivement avec des arguments et des opérations technoscientifiques. Le sentiment de la nécessité de fonder éthiquement une médecine globale, protégeant l'humain, s'est accru. Même dans l'Église catholique il y a, depuis l'avènement du pape François, l'espoir d'une plus grande ouverture et d'une attitude d'aide et de miséricorde dans ces questions extraordinairement complexes. Pour ce pape, le christianisme n'est pas une idéologie doctrinaire et désincarnée, mais un chemin qu'on apprend à connaître en l'empruntant.

Nombre de questions évoquées dans cette introduction ont été soulevées aussi par Anne Will, présentatrice de télévision bien connue, lors d'un entretien avec elle retransmis par la première chaîne de télévision allemande (ARD) le 20 novembre 2013 et rediffusé par la chaîne Phoenix le 2 janvier 2014. Cet entretien constitue la « plate-forme » de mes réflexions ultérieures. Je remercie de tout cœur mon interlocutrice, pleine d'intelligence et de sensibilité, de me permettre d'inclure notre dialogue dans ce livre. Comme je l'ai dit, je ne voulais pas écrire un livre entièrement nouveau, mais expliquer et approfondir mes idées, également revenir sur des objections exprimées par écrit ou oralement, et pour ce faire recourir à des textes antérieurs en y ajoutant de nouveaux commentaires. Je voudrais fournir à une opinion publique très large – et spécialement, compte tenu de la discussion actuelle dans les assemblées élues, les associations professionnelles, les tribunaux et les Églises, aux hommes politiques, aux médecins, aux juristes et aux ecclésiastiques – de la matière pour des réflexions critiques et autocritiques. Tout cela avec l'espoir d'ouvrir un débat marqué à la fois par des intérêts et de la compréhension mutuelle.

UN ENTRETIEN
AVEC ANNE WILL

La chance d'être contredit

Anne Will : Cher Hans Küng, nous sommes assis l'un en face de l'autre en ce mois de novembre 2013, par une très belle journée : le ciel est parfaitement bleu, dehors le soleil brille. 2013 est pour vous une année spéciale : vous avez eu quatre-vingt-cinq ans en mars et vous avez achevé le tome III de vos Mémoires. C'est donc une sorte de prise de congé, un point final, au « soir de la vie », écrivez-vous. Par ailleurs, vous avez fait savoir publiquement que vous étiez atteint par la maladie de Parkinson. Vous avez dit aussi, depuis longtemps, que si la maladie devait vous changer, vous auriez recours à une aide à mourir, vous quitteriez cette vie. Mais à partir d'où savez-vous au juste que, le moment venu, vous ne pourrez plus compter sur un bonheur ici-bas ?

Hans Küng : Ah, mais je ne dirais pas qu'aucun bonheur ne m'attend plus ici-bas ! Je sais seulement que ma vie s'est achevée, que je n'ai plus de tâches à remplir, tout simplement que le moment est venu. Comme le dit *Qohélet* dans l'Ancien Testament, « il y a un temps pour vivre et un temps pour mourir ». Et alors ce temps sera venu.

Anne Will : Est-ce un jour précis que vous connaissez déjà ?

Hans Küng : Non. Et d'ailleurs je n'ai jamais dit que j'allais prendre congé de suite : ce sont les médias qui ont diffusé à un moment cette information. Il reste toujours la possibilité que mes diverses maladies…

Anne Will : De quoi s'agit-il exactement ?

Hans Küng : Eh bien voilà : j'ai des difficultés pour écrire, j'ai des difficultés avec les yeux – une dégénérescence maculaire –, j'ai des difficultés avec mon dos, avec mes vertèbres lombaires, et ainsi de suite. Tout cela n'est pas grave, si l'on veut, mais c'est tout simplement le signe que la dernière période de ma vie a commencé et que ma vie ne durera pas éternellement. J'ai toujours pris d'emblée la vie comme elle venait. Je n'ai pas non plus voulu garder, comme j'aurais pu le faire facilement, le silence sur ce point. J'aurais pu sans problème terminer ce troisième tome avec l'ardeur d'un combattant, en racontant quelque événement d'importance. Des événements de ce genre, j'en ai vécu suffisamment. Mais jusqu'à la fin, j'ai voulu dire en toute sincérité la vérité.

Anne Will : Je viens de vous interrompre brièvement au moment où, me semble-t-il, vous alliez nous expliquer comment vous feriez le constat que le temps serait venu où vous direz : très bien, ma vie est terminée, et je souhaite faire le pas suivant.

Hans Küng : Le terme certain, où donc les choses seraient évidentes pour moi, serait que je ressente des signes de démence. Au coin de notre rue habitait Walter Jens. Des années durant, je l'ai accompagné dans sa maladie sénile. Il se trouve que dans les années 1990, nous avions fait des cours communs à l'université sur le thème « Une mort digne de l'homme ». Et Jens a toujours dit que ce serait une chance pour lui s'il parvenait à trouver, comme en son temps Sigmund Freud, un médecin qui l'aiderait à mourir. C'est ce qu'il envisageait de faire, mais il a laissé passer le moment où il pouvait le faire. Je ne veux en aucun cas laisser passer ce moment. Quoi qu'il en soit, une démence qui s'annoncerait serait une indication claire ; ce qui peut survenir de plus ou par ailleurs, je ne saurais le dire dès maintenant. Je suis prêt à tout. Je suis prêt à entreprendre une tâche nouvelle s'il s'en présente une que je puisse encore réaliser. Mais je ne veux pas continuer dans le même genre d'activité. J'ai écrit tous les livres que je voulais écrire, j'ai fait tous les voyages que j'avais envie de faire : en ce sens, par conséquent, je suis un homme heureux, relativement heureux, et je suis en mesure de dire : mon œuvre est à peu près bouclée et achevée.

Anne Will : Mais pourquoi voulez-vous mettre fin à votre vie au cas où vous ressentiriez des indices d'une démence à ses débuts ?

Hans Küng : Parce que je ne crois pas que la vie sur terre est tout. Cela tient naturellement à mes convictions de croyant : je ne crois pas, en effet, que je vais mourir pour entrer dans le Néant. Je puis comprendre que des gens qui ne croient pas en une vie éternelle aient naturellement peur du non-être. Mais moi je suis convaincu de ne pas mourir pour entrer dans un Néant, qu'au contraire j'entrerai par la mort dans une Réalité ultime. Que pour ainsi dire j'irai à l'Intérieur, dans la Réalité plus profonde, la Réalité la plus profonde, et qu'à partir de là je découvrirai une vie nouvelle. C'est cela, ma conviction de croyant. Et cela me rend naturellement un peu plus libre quant à la durée de cette vie et à mon endurance pour y rester. Récemment, j'ai une fois encore entendu des médecins dire leur étonnement, parfois, de voir comment des gens veulent absolument vivre encore plus longtemps, et parmi eux, m'a-t-on dit, il y a même des théologiens…

Anne Will: … Qui ne sont peut-être pas aussi convaincus…

Hans Küng: … Qui ne sont peut-être pas aussi convaincus, en effet. Si l'on n'est pas entièrement convaincu et si l'on oscille, on peut à certains égards dire: oui, oui, je voudrais continuer à vivre – et ensuite on laisse passer le moment.

Anne Will: Pourquoi l'existence sur terre dans les conditions d'une démence au stade précoce, par exemple, ne serait-elle plus ce que vous désirez? Pourquoi voulez-vous quitter la vie à ce moment-là?

Hans Küng: Quand on voit comment les choses se passent souvent… Depuis peu il existe même des « villages de démence ». Une image effroyable! Je ne peux imaginer d'en faire partie. Je voudrais mourir de telle sorte que je reste pleinement un humain et que je ne sois pas réduit seulement à une existence végétative. Ou comme mon ami Jens, ramené à l'état d'enfance. Où, disons-le, comme lui, je me réjouirais de voir des enfants et des animaux. Tout cela est beau, il était très bien soigné et je ne veux pas porter de jugement. À vrai dire, je ne veux rien prescrire en général à personne. Je parle seulement pour moi. Mais je sais naturellement que beaucoup de gens, y compris ceux qui nous écoutent et nous regardent en ce moment, ont des problèmes similaires.

Anne Will: Vous êtes – chacun le sait – un des critiques de l'Église les plus connus, sinon même le plus connu. Et de surcroît un homme qui a critiqué l'Église de l'intérieur, un théologien catholique et aussi un prêtre catholique. Or votre Église a fermement opté pour une autre position : on n'aurait pas le droit de décider du moment où l'on « tire sa révérence ». Votre Église voit dans la vie un don de Dieu. Et se tuer soi-même constitue – par voie de conséquence – un rejet du Oui de Dieu à l'homme. C'est ce qui est écrit dans le catéchisme. Quand vous adoptez sur ce point une autre attitude, ne vous placez-vous pas, en quelque sorte, dans une ultime opposition à l'Église officielle ?

Hans Küng : Je crois que, premièrement, du côté des responsables de l'Église, on devrait s'efforcer d'adopter une autre attitude face à l'aide à mourir. Car il n'y va pas ici simplement des membres de l'Église. Je veux dire que 77 %, me semble-t-il, des personnes qui sont membres de l'Église tiennent pour juste que dans la phase ultime soit envisagée, dans certaines conditions, une aide à mourir. Je crois tout simplement que les responsables de l'Église sont en retard sur la réflexion et la décision dans ce domaine. En outre, je suis moi-même convaincu, fermement convaincu, que la vie est une grâce de Dieu. Elle m'est offerte. Je ne l'ai pas acquise par mes propres efforts. Elle m'a été offerte, si je suis croyant, par Dieu à travers mes parents. Mais cela signifie que ce don reçu par grâce est aussi une responsabilité pour moi. D'ailleurs, le catéchisme ne dit pas autre chose.

Nous avons tous une responsabilité pour notre vie. Et pourquoi cesserait-elle dans la dernière phase, cette responsabilité ? Pour moi, elle est présente aussi lors de la dernière phase. Je peux aussi la discerner dans ce moment-là. J'ajoute ceci : si j'étais un homme dans la quarantaine, avec une famille, une femme et des enfants, et si j'avais connu un accident, par exemple une faillite, dans ma vie professionnelle, je n'aurais pas le droit de mettre fin sans autre forme de procès à ma vie, sans me préoccuper le moins du monde de ceux qui restent. N'est-ce pas – il me semble que l'Église catholique aussi doit en prendre clairement conscience – une nouvelle période de vie qui nous a été offerte ? Je ne serais certainement pas dans l'état de santé où je suis si je n'avais pas l'hygiène, la médecine et tout ce dont, heureusement, je dispose aujourd'hui.

Anne Will: Beaucoup de sport! Vous avez toujours nagé…

Hans Küng: Oui, naturellement, et je le fais encore tous les jours. C'est évidemment formidable. Il s'agit à l'évidence d'une vie supplémentaire, d'une période supplémentaire, mais qui n'a pas été créée sans plus par Dieu. Elle a été créée par l'homme. Et maintenant la question est: Combien de temps devrai-je m'accrocher? Dois-je prendre toutes les pilules? J'en ai déjà douze par jour. Dois-je faire encore mieux? Dois-je laisser réaliser toutes les opérations? Même chez ce qu'on appelle le Magistère de l'Église, beaucoup de choses ont déjà changé dans un sens positif sur ce point. Aujourd'hui, personne ne dit plus que ce qu'on appelle l'aide passive aux mourants est interdite… Enfin, à Rome, certains continuent de dire que cela non plus n'est pas permis; on dit qu'on a le droit de débrancher les machines, la machine pour respirer, la machine pour nourrir. C'est passif, dit-on. Mais je ne vois pas en quoi cela est moins actif qu'un médecin qui me donne une dose plus forte de morphine. Tout cela n'a pas été assez réfléchi du côté de l'Église. Je voudrais certainement aussi donner l'impulsion pour des réflexions nouvelles. N'avons-nous pas le même problème avec la régulation des naissances? Comme on le sait, là aussi les décisions prises sur la base de l'encyclique *Humanae Vitae* (1968), qui dit que la contraception est un péché mortel, étaient totalement fausses. C'est ce que l'on continue de dire à Rome. On a fini par se rendre compte qu'on se trouve aujourd'hui dans une situation nouvelle. Il faudrait que les responsables de l'Église aussi réfléchissent à ce que cela signifie.

J'aimerais tellement que l'Église aide l'homme à mourir et ne se contente pas de lui administrer l'onction des malades. L'enjeu est d'aider celui qui veut mourir à bien mourir.

Anne Will: Vous dites vouloir donner une impulsion. Cela veut dire que vous voulez déjà poser un signe. Si je vous comprends bien, ce serait malgré tout, dans le sens de ma question, une sorte d'ultime contradiction portée à l'institution Église et à ce que veulent ses «responsables», comme vous dites?

Hans Küng: Oui, j'espère bien sûr qu'on comprendra que je veux donner un signe. C'est tout simplement dans la logique de ma position. J'ai bien conscience aussi qu'en disant cela toute la question prend une autre portée que lorsqu'un quelconque laïc, un non-clerc ou un quidam le dit. C'est un signe, mais je pense justement que cela amènera beaucoup de gens à réfléchir. J'ai déjà entendu dès maintenant que beaucoup disent pour la première fois : Vous savez, moi aussi je fais partie d'Exit. On le dit ouvertement aujourd'hui…

Anne Will : Exit, c'est l'Association pour l'aide à mourir en Suisse…

Hans Küng : Et j'ai dès à présent obtenu, en tout état de cause, que cette association Exit mais aussi la Société allemande pour une mort humaine (DGHS*) redécouvrent quelque chose que je voulais voir redécouvert, en l'occurrence la dimension religieuse dans le mourir. Qu'on peut mourir, mourir volontairement sans croire qu'on va rejoindre un Néant. Jusqu'à présent on a toujours pensé que si quelqu'un fait partie d'une telle organisation, c'est qu'il est matérialiste ou athée. Non, au contraire : on peut mourir volontairement de par la confiance qu'on a en Dieu. Une confiance en Dieu qui n'est absolument pas rationaliste, mais rationnelle, conforme à la raison. Si donc je représente cela, j'ai été vraiment heureux de recevoir déjà très tôt des approbations de la part de ces organismes. Elles prennent la chose au sérieux. Dans le livre *Mourir d'une mort digne de l'homme***, je n'avais écrit qu'une phrase là-dessus. Mais j'ai déjà reçu tant d'approbations notamment de ce côté que je m'en trouve fortement confirmé. Et j'espère précisément que l'Église ne commettra pas la même erreur que dans la question de la pilule. Une erreur catastrophique. Le peuple chrétien n'a pas accepté cette encyclique. Ce n'est pas si simple quand la doctrine de l'Église n'est pas reçue précisément dans le peuple ; quand le peuple a une conception des choses totalement différente, ça ne va pas. C'est une chose qu'on disait déjà des anciens conciles : s'ils n'ont pas été reçus, c'est qu'ils ne sont tout simplement pas valables.

* En all. : *Deutsche Gesellschaft für humanes Sterben.*

** Cf. ci-dessus, note de la p. 16.

Anne Will : Du fait que vous avez annoncé officiellement – et vous le faites aussi maintenant dans notre entretien – que vous allez prendre cette voie, ne vous mettez-vous pas vous-même un peu sous pression ?

Hans Küng : Non, je me rends libre. J'ai tout réglé comme il faut, j'ai fait mon testament, tout a été bien préparé. Je peux donc tranquillement attendre désormais ce qui arrivera.

Anne Will : Mais pourriez-vous aussi attendre le moment où vous diriez : « Je ne veux plus de tout cela. Encore une belle journée, un ciel parfaitement bleu et un soleil qui brille. C'est vrai, j'ai déclaré qu'à un moment donné j'en finirai avec la vie, mais je ne le souhaite plus. » Et puis vous ne le faites pas et votre annonce officielle n'est suivie d'aucun acte : auriez-vous encore cette liberté ?

Hans Küng : Oui, je l'aurais aussi. Mais en voyant les choses un peu autrement : si c'était seulement à cause d'un beau ciel bleu, je ne prendrais pas une telle décision. Et j'ai explicitement écrit que s'il se présentait encore une fois à moi une tâche hors du commun, je m'en emparerais. Je l'ai écrit dans le dernier chapitre du tome III de mes Mémoires, intitulé « Au soir de la vie » . Et qu'est-ce qui est arrivé ? Subitement est apparue au sein de l'Église catholique une constellation totalement nouvelle. Joseph Ratzinger fêtait le 19 mars 2013 son saint patron, et moi mon quatre-vingt-cinquième anniversaire. Et ce même jour le pape François était intronisé dans sa charge ! Ce fut quelque chose de totalement inattendu pour moi. Auparavant, j'avais toujours pensé : je vais maintenant me préparer, je renonce à toutes mes fonctions, et cela voudra dire : « Küng s'en va, et le pape Ratzinger reste. » Et voilà qu'il se retire même avant moi ! Oui, cela crée une situation nouvelle pour moi. J'ai écrit au nouveau pape François, et j'ai reçu une réponse très positive. Je lui ai envoyé mon livre *Peut-on encore sauver l'Église ?**, et en retour j'ai reçu une réponse amicale, une lettre manuscrite…

Anne Will : … Que vous reproduisez dans votre livre en tout petits caractères. Cela m'a frappée. François signe de façon très bienveillante.

* Trad. fr. par Eric Haeussler, Éd. du Seuil, 2013.

Hans Küng : Simplement par *fraternalmente,* en l'occurrence. Nous avons correspondu en espagnol. *Fraternalmente,* « fraternellement ». Non pas une lettre de pape, donc, mais une lettre de frère. Et j'ai pensé alors que je devrais malgré tout soutenir encore, autant que faire se peut, ce nouveau cours.

Anne Will : C'est ce qu'on lit dans votre livre. Alors que vous pensiez que les souvenirs de votre vie étaient déjà clos arrivent en effet toutes ces choses surprenantes : le pape Benoît XVI, Joseph Ratzinger, votre compagnon d'études de longue date...

Hans Küng : Mon collègue professeur, mais pas mon compagnon d'études...

Anne Will : Votre collègue professeur, pardon, renonce et le pape François est élu. Comme il peut arriver encore toutes sortes de surprises, ne risquez-vous pas quand même de rater aussi ce dont vous avez rêvé toute votre vie : que l'Église catholique change dans votre sens ?

Hans Küng : Mais ça y est, c'est fait !

Anne Will : C'est déjà derrière nous ?

Hans Küng : Non, non, c'est commencé ! Mais j'ai effectivement déclaré qu'il fallait m'accommoder de la situation de l'Église. Souvent, dans le passé, des journalistes m'ont posé la question : Que souhaiteriez-vous de plus ? Je répondais : Un nouveau chemin pour l'Église, un tournant comme sous Jean XXIII. Mais je m'étais résigné à ce que ce tournant ne se produise plus de mon vivant. Parce que mon temps est pratiquement fini désormais et le système est manifestement inébranlé. Or maintenant quelque chose est intervenu qui nous a tous surpris : nous avons désormais un pape qui a immédiatement introduit un autre style, un autre langage, le vêtement et tout. Ce ne sont pas du tout des choses extérieures, c'est un changement de paradigme fondamental que j'ai réclamé de longue date et qui a désormais atteint aussi la papauté. C'est la nouvelle situation. Et c'est un événement historique. Le changement est donc déjà là, et j'espère seulement que François va tenir bon. Mais j'espère encore apporter ma pierre à ce changement.

Anne Will : Vous lui faites donc confiance ? Faites-vous confiance au pape François pour qu'il change votre Église de telle sorte que votre opposition n'ait plus de raison d'être ?

Hans Küng : Je lui fais confiance pour cela. Je connais évidemment l'extrême difficulté qu'il doit affronter. Mais c'est un homme qui a bien sûr reçu comme jésuite une formation à l'ascèse, comme moi-même du reste : j'ai en effet été éduqué par des jésuites, sept ans en soutane rouge à Rome. Voilà qui donne d'emblée à quelqu'un une vision pour la vie, tout est fait avec discernement, l'examen de conscience et le reste. Il a donc une formation à l'ascèse. Théologiquement, sa formation a été certainement traditionnelle, mais avec tout de même une théologie sérieuse. Il a déjà montré qu'il est capable de beaucoup de choses, avec une assurance étonnante. On l'a d'ailleurs vu à la télévision après son élection : il se tenait là comme s'il l'avait toujours fait, en disant *buona sera* à la foule.

Anne Will : Moi aussi j'ai trouvé cela épatant.

Hans Küng : Il a aussitôt placé la Banque vaticane sous contrôle, installé une commission et réfléchi s'il devait la supprimer, cette banque, la réformer ou en faire autre chose. Il a pris en main l'administration de l'État du Vatican, et il a aussi instauré une commission contre la corruption. Récemment, il a lancé une enquête pour préparer le synode sur la famille. Mais vous ne l'ignorez pas : toute la question est bien sûr de savoir s'il parviendra maintenant à s'imposer, par exemple contre le préfet de la Congrégation pour la doctrine de la foi, Gerhard Ludwig Müller. Ce dernier vient de publier un article sur le problème des divorcés remariés et leur accès aux sacrements. Avec les positions habituelles : que sur le divorce il n'y a rien d'autre à faire que de revenir à l'annulation, parsemée de beaucoup d'hypocrisie, de mariages qui dans le fond avaient été célébrés régulièrement. Dans cette ligne, on n'ira pas plus loin, d'où naturellement la question : le pape va-t-il maintenir sa position contre la résistance de la Curie – comme autrefois au concile de Vatican II ? Nous avions alors devant nous le cardinal Ottaviani, un prédécesseur de Ratzinger et de Müller, qui croyait devoir dire au pape et au concile ce qu'est la vérité de la foi. C'est l'arrogance propre à ces messieurs du Palazzo del Sant'Ufficio, le siège du Saint-Office. Toute la question est de savoir si François tiendra devant cette opposition ou s'il pliera. Je ne crois pas qu'il pliera, mais on ne sait jamais.

Anne Will : Je voudrais revenir sur Walter Jens, que vous avez déjà évoqué dans notre conversation. En 1995, vous avez signé avec lui un livre intitulé *Mourir d'une mort digne de l'homme*. Vous expliquez dans ce livre ce que cela veut dire que mettre consciemment fin à sa vie. On peut l'envisager, si j'ai bien compris, quand on est atteint de maladies qui modifient la personnalité. C'est tout de même fou, n'est-ce pas, que Walter Jens et vous-même ayez été rattrapés réellement par de telles maladies. Walter Jens de démence vasculaire et d'Alzheimer, d'une forme mixte des deux, et vous de Parkinson. Vous venez de dire que Walter Jens a laissé passer le moment où il aurait encore pu décider quand terminer sa vie. Au nom de quoi êtes-vous aussi sûr qu'il a laissé passer ce moment et qu'il ne voulait pas malgré tout peut-être continuer à vivre ? Pour le dire autrement : avec les animaux, avec les enfants, de manière un peu plus infantile ou beaucoup plus infantile que le savant Walter Jens sa vie durant ?

Hans Küng : Mais je ne le conteste pas ! Il était tout simplement hésitant. Car je l'ai souvent vu, souvent visité. Quand je lui demandais : « Comment vas-tu, Walter ? », il répondait : « Mal. Effroyablement mal », ou des réponses de ce genre. Donc ce fut rarement la réponse : « Ça va bien ! » Bien entendu, il a pu vivre très heureux. Il y a ces phases où quelqu'un est relativement heureux, et en fin de compte il est impossible de savoir ce qu'il ressent vraiment. Ensuite, avec le temps, on remarque qu'en réalité tout raccordement intellectuel est devenu impossible, à l'exception de liens émotionnels. Quand je disais : « Voudrais-tu un bout de chocolat ? » – Réponse : « Non. » Puis je déballe la tablette et je lui mets un morceau devant la bouche, il le prend et en veut immédiatement un autre. Évidemment que tout cela est sympathique et suscite l'affection. Mais je ne voudrais pas en arriver à ce stade, et on peut, je suppose, le comprendre.

Anne Will : C'est tout de même une sorte d'ironie de l'histoire que votre adversaire le plus constant, le pape Jean-Paul II, à l'instigation duquel on vous a retiré en 1979 l'autorisation d'enseigner, ait souffert lui aussi de la maladie de Parkinson et qu'il ait fini par en mourir. Il a ouvertement... je ne dirais pas « célébré » sa mort, mais on a pu y assister comme spectateur – ce qui du reste a apporté de la consolation à beaucoup. À vous aussi ?

Hans Küng : À moi pas. Pas du tout même. J'ai trouvé irresponsable de laisser pour ainsi dire son secrétaire diriger l'Église. Car il n'était absolument plus capable de diriger l'Église. Je dois dire qu'à cet égard j'ai éprouvé un immense respect pour Joseph Ratzinger – de ne pas vouloir faire pareil. Il avait déjà déclaré en temps voulu qu'il était tout à fait prêt pour sa part à se retirer s'il constatait qu'il était incapable de remplir sa fonction. Et je n'ai donc pas du tout été étonné qu'il fasse le pas. J'ai été seulement étonné du moment.

Mais c'était lié à la situation au Vatican, avec toute cette histoire abominable de pédophilie qu'il avait lui-même couverte en tant que cardinal : il fallait traiter cela sous le sceau du secret pontifical. Il a aussi vécu l'affaire « Vatileak » avec son majordome. Il a certainement lu aussi le rapport sur l'état de la Curie que deux cardinaux ont rédigé après l'audition d'autres cardinaux. Cela a dû être accablant. Je pouvais donc comprendre qu'il renonce à sa charge. Mais, encore une fois, j'ai le plus grand respect pour cette décision. Il ne voulait justement pas faire étalage de sa mort. Il voulait montrer qu'il pouvait se retirer, et ce faisant il a rendu un service insigne à l'Église. Il a montré que la fonction de Pierre est une fonction humaine. Que le Pierre historique était notoirement une figure très branlante. Le pape n'est pas un vice-Dieu sur terre, mais un homme comme les autres, mortel et aussi quelque peu faillible, ajouterais-je maintenant.

Anne Will : Le fait que vous-même ayez l'intention de vous comporter autrement que votre adversaire le plus intransigeant, Jean-Paul II, joue-t-il un rôle dans cette affaire ?

Hans Küng : Cela ne joue strictement aucun rôle. Je vais mon chemin propre. Il serait tout à fait ridicule de vouloir montrer que je me comporte autrement que lui. Cela ne m'intéresse pas. Chacun doit faire comme il veut. Si quelqu'un veut se laisser filmer dans un état misérable, qu'il le fasse. Moi je ne veux pas de cela.

Anne Will : Vous savez que beaucoup de gens sont suspendus à vos lèvres, qu'ils attendent de vous des orientations, qu'ils lisent vos livres. Qu'ils sont précisément heureux qu'il y ait un catholique ayant un rapport critique avec son Église. S'ils vous écoutent en ce moment, n'entendront-ils pas en vérité que la seule réponse humainement digne à la maladie de Parkinson, c'est le suicide ? Êtes-vous dans ce cas à la hauteur de votre responsabilité, qui est aussi celle d'un guide spirituel ?

Hans Küng : Là vous m'avez mal compris. Je ne dis pas qu'il faut absolument qu'il en soit ainsi. Je ne cesse de dire et redire que c'est *mon* choix. Je veux seulement défendre les gens qui agissent de la sorte. Chaque année nous avons dix mille suicides en République fédérale d'Allemagne. Et je crois qu'on a affirmé suffisamment longtemps que le suicide accompagné était impensable. Je ne prétends pas m'ériger en modèle pour tous. Mais il faut qu'il soit clair que soi-même on ne sait pas quel genre de mort il faut chercher – et moi pas plus qu'un autre –, comme les gens qui dans une clinique sautent par la fenêtre parce qu'on ne leur vient pas en aide. Je ne veux pas vous questionner à mon tour, madame Will, mais que faites-vous si vous recevez une lettre qui vous demande : « Aidez-moi à mourir » ? Une femme qui souffre depuis des années d'une maladie effrayante m'a fait cette demande récemment. Que dites-vous dans ce cas ?

Anne Will : Je ne sais pas. C'est une question terriblement difficile.

Hans Küng : Et dans quelles difficultés je me suis trouvé de mon côté ! Quand j'ai reçu ce genre de lettres, je me suis dit : quoi répondre ? Je ne peux leur dire : « Allez en Suisse ! » J'ai aussi protesté dans mon livre contre le fait qu'on reproche aux Suisses le tourisme de la mort qu'on a soi-même promu en Allemagne. Non, les responsables sont les Allemands qui sont incapables de faire des lois pour rendre inutile un tourisme de ce genre.

Anne Will : Irez-vous en Suisse pour mourir ?

Hans Küng : J'ai laissé cette question ouverte. Je peux le faire, ou faire autrement. Je suis resté citoyen suisse, mais j'ai les deux résidences. J'ai ma petite maison près du lac de Sempach ; les deux endroits sont très beaux, et je peux mourir dans les deux endroits.

Anne Will : Hans Küng, je vous souhaite de vivre encore longtemps. Et que ce moment que vous cherchez pour vous soit vraiment remis à très longtemps.

Hans Küng : Merci, madame Will.

Anne Will : Merci pour cet entretien.

Premières réactions

En réaction au dernier chapitre de mes Mémoires et à l'entretien avec Anne Will, j'ai reçu un courrier considérable, des lettres qui se confrontent diversement à ma conception de la mort volontaire.

Un vieil ami d'une université espagnole m'écrit ceci :

> C'est avec une profonde émotion que j'ai lu le chapitre 12 de tes Mémoires, « Au soir de la vie ». Je ne comprends que trop ce que tu écris et je l'approuve ! Une pensée m'a poursuivi tout le temps, que tu vas peut-être trouver « comique » : je pensais, cher Hans, que des gens comme toi ne devraient jamais mourir. Comme c'est impossible, je te souhaite du moins encore longue vie, autant que possible sans problèmes de santé. Je pense très souvent à toi…

Deux femmes, manifestement handicapées physiques, m'écrivent un mot très critique :

> Vous êtes un « panneau indicateur » de leur foi pour beaucoup de chrétiens en recherche. En quoi vous portez une lourde responsabilité, comme vous le dites vous-même. Vos propos ont des conséquences : des gens qui souffrent, des gens handicapés sont mis sous pression et se sentent tenus d'interrompre une étape essentielle de leur vie pour délester leur entourage de cette charge, pour être clair : en passant par Exit ou par le suicide. Votre attitude face à la souffrance nous a consternées, nous a attristées et elle a une fois de plus mis en cause notre droit à vivre.

Une religieuse qui a passé une thèse de doctorat me dit ceci :

> Je ne me permettrai pas de juger votre décision personnelle, mais très certainement le fait qu'en tant que figure de proue de la mouvance pour une éthique planétaire, vous donniez précisément un exemple catastrophique – et que vous mettiez en péril ce que vous avez construit durant des dizaines d'années. Comment conciliez-vous cette mort volontaire avec le respect de la vie, avec la capacité d'universaliser l'action, avec la correspondance entre les droits et les devoirs et d'autres choses semblables ?

Une psychiatre m'écrit à propos de l'ambivalence de ses sentiments ce qui suit :

> Moi-même je voudrais – pour autant que mon état corporel, psychique et spirituel le permette – finir volontairement et librement ma vie par le suicide accompagné quand j'aurai dépassé les 80 ans. Mais… à mesure que ce moment approche, d'autant plus forte est en moi la pulsion de vie, le désir de vivre. J'éprouve de la peur devant le ne-plus-être, devant l'incertain et l'inconnu absolus après la mort. Le gouffre énorme de la mort volontaire se tient alors comme une menace devant l'âme.
> Les sentiments changent…

L'épouse d'un pasteur dont le mari est mort à soixante-dix-sept ans avec l'aide d'Exit après les premiers signes de démence m'écrit les mots suivants :

> Je suis heureuse que mon mari ait pu suivre cette voie, et je suis heureuse aussi d'avoir pu l'assister et l'accompagner. Durant ses dernières années de ministère, il avait suivi nombre de personnes qui souffraient de démence ainsi que leur entourage, et il m'a souvent répété qu'il n'aimerait pas être atteint de cette maladie et continuer de vivre en ayant perdu l'esprit. Quand ce diagnostic fut confirmé, il l'accueillit avec courage et entra très tôt en contact avec le professeur X. C'est ainsi que tout aboutit pour lui à une mort bonne et digne à ses yeux.

Finalement, c'est une femme qui m'écrit de Suisse :

Je vous écris parce que le passage sur la « fin de vie » de votre récent livre m'a particulièrement interpellée ; ainsi de la phrase splendide, p. 703 : « Car tu es comme le Commencement du commencement et le Milieu du milieu, et de même la Fin de la fin et la Destination des destinations. »
Je pense moi aussi avec confiance à ma mort. J'ai déjà eu à accompagner des personnes diverses jusqu'au porche du passage. J'ai travaillé avec des personnes démentes à l'hospice de X et comme aumônier d'hôpital (auxiliaire) à l'hôpital cantonal de Y.
Moi aussi je voudrais mourir – comme vous le décrivez – quand le moment sera venu et que le cycle de ma vie sera terminé. Sur cette question, une femme qui était déjà atteinte de démence est restée pour moi un exemple. Elle décida un jour de ne plus manger, et plus tard elle cessa aussi de boire. Et en quelques semaines elle est morte pacifiée et apaisée.

Dans la presse aussi il y eut une foule de réactions, en général compréhensives. Le bulletin *Exit-info* n° 4 de 2013 en offre une sélection :

« L'aveu de Hans Küng crée la sensation. » Les nombreuses prises de position d'organes de presse chrétiens dessinent le large spectre des avis au sein même du christianisme. J'ai noté avec déplaisir qu'immédiatement après la parution du tome III de mes Mémoires, le porte-parole du diocèse de Rottenburg-Stuttgart déclara catégoriquement : « Küng parle pour lui-même, non pour l'Église catholique. » J'ai répondu dans le *Spiegel* : « Une hiérarchie de l'Église qui s'est trompée sur la contraception, la pilule et la conception artificielle ne devrait pas faire la même erreur sur les questions de fin de vie. » L'*Evangelische Sonntags-Zeitung* (journal dominical protestant de Francfort) du 20 octobre 2013 réagit comme suit à la déclaration du porte-parole de Rottenburg-Stuttgart :

Espérons que la prise de position de l'Église ne sera pas comprise comme un avertissement par d'autres chrétiens. Car pour qui en dehors de lui-même un homme pourrait-il parler quand il s'agit de sa propre mort ? Surtout que Küng est le protestant catholique parfait ·

ampleur de vue catholique dans le cœur, esprit de contradiction protestante dans l'esprit. Doté des deux, le grand savant sur cette terre ne devrait pas non plus risquer grand-chose dans les cieux. On ne peut pas dire tous les jours la même chose d'un diocèse.

Udo Reiter, qui fut longtemps gestionnaire de la chaîne de télévision d'Allemagne centrale et qui, depuis un accident de voiture en 1966, est paraplégique et attaché à sa chaise roulante, a publié peu avant Noël 2013 (le 21 décembre) dans la *Süddeutsche Zeitung* un article intitulé « Ma mort m'appartient ». Il se réfère à moi pour écrire ceci :

> Je suis assis dans une chaise roulante depuis quarante-sept ans et j'ai eu malgré tout une vie belle et autonome. Un jour la fin viendra. Mais comment ? Je ne voudrais pas finir comme une personne dépendante, lavée, coiffée et nettoyée par d'autres. Je ne voudrais pas qu'on me remplisse en haut d'ersatz de nourriture avec une canule et qu'en bas on m'enlève les excréments avec des gants en caoutchouc. Je ne voudrais pas devenir gaga et me traîner comme un idiot bienveillant ou méchant. Et je voudrais décider tout seul quand le moment sera venu et que je n'aurai plus envie de continuer, décider sans la tutelle d'un évêque, d'un président de la Chambre fédérale des médecins ou d'un membre de la Chambre des députés. Et une fois que je l'aurai décidé, ce serait sans plaisir que je me jetterais sous un train ou m'enfilerais, comme on le voit recommandé ici ou là, un sac plastique sur la tête jusqu'à l'étouffement. Je préférerais aussi ne pas aller en Suisse et là me faire endormir par un membre de l'association Exit sur une place de parking ou dans une chambre d'hôtel. Je voudrais avaler, dans la maison où j'ai vécu et où j'ai été heureux, un cocktail délicieux qui m'endormirait ensuite doucement. Pour cela j'ai besoin d'aide, et le mieux serait une aide médicale…

Mais il arrive toujours qu'on attribue aux partisans de la mort volontaire des attitudes fausses et des motifs tordus. Ainsi de Nina Streek dans la *NZZ am Sonntag** du 25 mai 2014, en se référant

* *Neue Züricher Zeitung* du dimanche.

à mon entretien avec Anne Will sur la chaîne ARD (ci-dessus p. 23-25) : « L'idée que seul celui qui peut prendre soin de lui-même et être utile mènerait une vie sensée et digne… : dans le cantique qui célèbre l'autonomie, on entend résonner aussi la faible estime pour la vie malade et mutilée. »

Ces interprétations fausses voire absurdes m'ont incité à tenter, dans ce qui suit, une explicitation et un approfondissement systématiques de mes conceptions, une tentative qui ne veut pas répondre à la polémique mais qui aspire à trouver une entente sur les positions de fond.

Au prix spécial Arthur-Koestler 2013, dédié par la Société allemande pour une mort humaine

1. Extrait de l'éloge du professeur Dieter Birnbacher

La profession de foi de Hans Küng en faveur de la licéité éthique de l'aide à mourir – c'est le thème qui nous réunit pour cette cérémonie – s'enracine en dernière instance dans une conception de Dieu déterminée, une conception capable de fonder la confiance en Dieu. Si Dieu est censé fonder de la confiance, il ne saurait interdire à l'homme de disposer de sa vie pour autant qu'il ne voie pas d'autre issue pour sortir de souffrances insupportables. Un Dieu qui interdirait à l'homme de mettre fin à sa vie, quand la vie lui fait porter durablement des fardeaux insupportables, ne serait pas un Dieu amical à l'homme. Ce serait un Dieu tyrannique, pour lequel imposer sa volonté de puissance serait plus important que le destin de l'homme qui lui fait confiance. De fait, cette image d'un Dieu absolutiste, qui se réserve la décision de vie ou de mort à la fin de la vie, a dans la pensée occidentale une longue tradition, remontant jusqu'à l'Antiquité ; elle n'a pas seulement dominé la théologie chrétienne, mais aussi, pendant longtemps, la philosophie. John Locke encore, pourtant un des pères fondateurs philosophiques de la démocratie, était fermement d'avis que les hommes sont la propriété d'un Maître souverain et – comparables en cela à des esclaves – qu'ils doivent lui laisser le jugement sur la vie et la mort. À cette image de Dieu, Hans Küng pose une question simple : Comment un Dieu qui aime ses créatures peut-il obliger les hommes à perdurer dans la souffrance ? Le dogme de l'indisponibilité de sa propre mort est, considéré à la lumière de ses conséquences, foncièrement inhumain.

« Mourir d'une mort digne de l'homme » – une des très rares prises de position de la théologie catholique en faveur du droit de s'autodéterminer à la fin de sa vie – présente nombre des avantages qui distinguent l'ensemble de l'œuvre et de l'impact de Hans Küng : humanité, intégration de la foi et de la raison ainsi qu'un sage évitement des extrêmes, préférant une « voie du milieu » bien pesée. L'humanité parle à travers les doutes de Hans Küng quant au pathos chrétien de la douleur, que beaucoup de théologiens mettent en avant, non seulement contre la vision transhumaniste d'une « société sans douleur », mais aussi et surtout contre la tentative d'éviter une souffrance prévisible en abrégeant volontairement la vie. Naturellement, Hans Küng sait aussi qu'il ne s'agit pas d'éviter la souffrance sous toutes ses formes dans la vie humaine. Des sentiments profonds, des liens profonds et des espérances profondes sont presque inévitablement liés au risque d'éprouver des souffrances importantes. On ne saurait entrer dans les dimensions profondes de l'existence sans souffrance. Une vie dépourvue de sentiments traversés par la douleur – tristesse, peine, compassion, souci, culpabilité, repentir… – serait une vie spirituellement appauvrie. Mais, dans tous ces cas, il est typique que la douleur a un sens qu'on peut définir : c'est le prix à payer pour la perte de biens vitaux d'importance ou pour des changements d'orientation critiques. Un tel sens est absent dans bien des situations de souffrance durant la dernière phase de la vie, et la valorisation chrétienne de la douleur comme imitation du Christ n'a alors plus guère de sens.

La position que Küng adopte par rapport à l'aide à mourir est-elle réellement ce qu'il revendique pour elle : une « voie du milieu dont la théologie assume la responsabilité » ? Je crois que oui. D'un côté, Küng soumet la licéité de l'aide à mourir à des conditions strictes. C'est ainsi qu'il exclut catégoriquement, entre autres, une aide à mourir motivée par la seule fatigue de vivre ou sans la présence d'une maladie grave ou de détériorations graves de la santé. Il réclame des instances de contrôle médicales pour empêcher les abus. Et il relie démarche volontaire et responsabilité pour autrui. Comme seulement peu de penseurs qui ont représenté la licéité d'un suicide dans des situations de souffrance grave et irréversible, il exige que celui qui se décide à abréger sa vie assume une responsabilité sociale. Même si sa décision est éminemment personnelle, il doit penser aux conséquences qui en résultent pour d'autres, par exemple sa famille. D'autre part, Küng voit qu'il ne faut pas non plus avoir un point de vue trop étroit sur les situations où l'aide à mourir apparaît envisageable. Ce ne sont pas seulement les situations proches de la mort – comme beaucoup de voix le demandent –, mais aussi des circonstances où des atteintes corporelles irréparables, non mortelles, mais graves et douloureuses sont ressenties comme insupportables qui rendent envisageable une aide à mourir.

2. Extrait du remerciement de Hans Küng

Le prix spécial Arthur-Koestler 2013 que vous me remettez me remplit de joie. Et ce bien que, comme théologien catholique, je doive m'attendre une fois encore à la critique et à toutes sortes de soupçons malveillants.

J'ai acquiescé avec conviction à ce prix, qui constitue déjà une distinction spéciale du fait qu'il m'est décerné non seulement pour le tome III de mes Mémoires, *Humanité vécue,* avec son chapitre « Au soir de la vie », mais pour l'ensemble de mon œuvre.

En même temps, je suis certainement en droit de saisir l'occasion pour préciser brièvement ma position.

– Je ne défends pas ni n'envisage de commettre un meurtre sur moi-même* : même à la fin d'une vie, il n'y aurait meurtre que s'il était commis pour de basses motivations, par ruse ou par violence, contre la volonté de la personne concernée.

– Mais je prends mes responsabilités pour ma mort le moment venu, une responsabilité que personne ne peut m'enlever.

– Bien sûr, je ne veux pas du tout prendre congé de suite de cette vie, mais à coup sûr le moment venu, que j'espère moi-même reconnaître en conscience.

* En all. *Selbstmord*: « suicide », litt. « un meurtre sur soi-même », qui n'est pas un « meurtre » justement, dit Küng *(NdT).*

– Dieu ne me donne pour cela, à moi qui ai quatre-vingt-cinq ans, aucun signe direct venu du Ciel.

– Mais Dieu me donne, je l'espère, la grâce de reconnaître le bon moment; le moment ultime serait pour moi, sans nul doute, une démence à son stade initial.

– Que Dieu ait «disposé», pour moi, d'un moment déterminé, je ne puis le savoir par les sources bibliques et ne puis le fonder en raison.

– Qu'une telle fin serait « prématurée » est une pure affirmation.

– Dans la Bible, se donner la mort (se suicider) n'est nulle part explicitement interdit, mais la mort que se donnent Abimelek, Samson et Saül est, pour partie, racontée dans une perspective favorable.

ÉCLAIRCISSEMENTS
ET APPROFONDISSEMENTS

I. Des événements clés dans ma vie

Des événements personnels peuvent marquer plus que toutes sortes de réflexions, si profondes soient-elles. C'est encore plus vrai d'événements qui se sont passés sur la ligne de démarcation entre la vie et la mort. Je voudrais parler d'événements de ce genre à diverses phases de ma vie, dans les années 1950, 1980 et 2010 : sans eux, ma position devant l'aide à mourir n'est guère compréhensible.

1. Mon frère Georg

Le 11 octobre 1954, un jour après mon ordination, je célèbre avec mes parents et mes cinq sœurs ainsi que très peu d'amis ma première messe dans les grottes de Saint-Pierre de Rome, situées près du tombeau de Pierre. Georg, mon frère de vingt-deux ans, était arrivé légèrement en retard. Sur le chemin du Vatican, il avait eu, dans l'autobus, une syncope. Un moment de grande fatigue ou d'épuisement, nous en sommes tous persuadés : rien de très grave. Après trois semaines de repos chez nos amis de Ferrare, il est transporté à Zurich chez le professeur Krähenbühl, un spécialiste mondial de la chirurgie du cerveau. Diagnostic : une tumeur au cerveau située entre le cervelet et le bulbe rachidien – inopérable. S'ensuivent des séjours à l'hôpital avec des séances de rayons et de chimiothérapie, tout cela en vain. Finalement, lui qui était si vigoureux et d'un esprit si pétillant et qui s'était préparé au mieux, grâce à son activité bancaire à Sursee et à Paris, pour reprendre l'affaire de notre père, l'hôpital le congédie : la guérison est impossible. Son état ne fera qu'empirer. Un membre après l'autre, un organe après l'autre deviennent défaillants. C'est une marche vers la mort effroyablement lente : le cœur, la circulation sanguine, la respiration de plus en plus difficiles pendant des semaines et des semaines – toujours pleinement conscient. Finalement, le souffle de plus en plus court, jusqu'à la fin presque un an jour pour jour après la première attaque, il est asphyxié par l'eau accumulée dans ses poumons. Sur la petite image à la mémoire de mon frère décédé, j'ai choisi de mettre un verset du livre de la Sagesse : « Devenu parfait en peu de temps, il a accompli une longue carrière » (Sagesse 4,13).

Et pourtant, fallait-il qu'il en aille ainsi ? Est-ce là vraiment la mort « donnée par Dieu », la mort dont « Dieu a disposé » ? C'est la question qui me poursuit depuis ce temps-là. Et je réponds : nul humain n'est absolument obligé d'accepter tout ce qui lui arrive, jusqu'à la fin, dans la « soumission à Dieu », comme étant le « don de Dieu », la « volonté de Dieu », ou même comme « faisant plaisir à Dieu ». Cette conviction s'est renforcée au cours des décennies. D'où aussi ma propre conviction : je ne veux en aucun cas mourir comme mon frère. Je ne voudrais pas non plus que d'autres humains meurent de la sorte, comme je l'ai expliqué dans le premier tome de mes Mémoires*.

2. Les expériences de mort imminente : Elisabeth Kübler-Ross

Mourir, la mort et l'après : cette thématique est liée, pas seulement pour la recherche scientifique mais aussi pour moi personnellement, au nom d'Elisabeth Kübler-Ross, une médecin suisse professeure de psychiatrie (1926-2004), qui s'établit plus tard à Escondito, en Californie. Ses enquêtes sur *Les Derniers Instants de la vie***, fondées sur le témoignage de plus de deux mille patients mourants, ont suscité l'attention partout dans le monde. Elle fut la première à déceler cinq stades – qui souvent se chevauchent – au

* Cf. ci-dessus, note de la p. 9.

** *Les Derniers Instants de la vie* (en anglais *On Death and Dying*, 1969), Genève, Labor & Fides, 1975.

moment de la mort : d'abord le déni, puis la colère, la rancœur et la jalousie, ensuite le marchandage, avant la dépression et enfin l'acceptation. Plus tard, elle s'intéressa fortement aux expériences faites au moment de mourir. D'autres auteurs aussi, comme Raymond A. Moody et Eckart Wiesenberg, publièrent quantité d'expériences faites par des gens noyés, gelés, victimes d'une chute… – et revenus ensuite à la vie. Des expériences, donc, de gens qui étaient cliniquement morts *(medically dead)* et qui racontent des expériences de mort tout à fait similaires : une existence hors du corps, des phénomènes lumineux, des voix…

Lors de ma première conférence sur le sujet, intitulée « Une vie éternelle ? », au *Studium Generale* de l'université de Tübingen en 1981, je suis tout à fait réservé dans mon jugement sur les phénomènes multiples attestés. Je ne les nie pas, mais les interprète autrement. On peut en effet les observer aussi dans d'autres états psychiques, par exemple dans le rêve, la schizophrénie, l'absorption d'hallucinogènes comme le LSD ou la mescaline. En même temps, ces expériences positives de la mort sont relativisées par des expériences très angoissantes et très douloureuses. En tout cas, la médecine et les sciences de la vie peuvent en donner des explications plausibles, par exemple les considérer comme une façon pour le cerveau de se protéger psychologiquement ou comme des excitations du système nerveux central, peut-être aussi comme une sorte d'ultime tentative du cerveau mourant pour « trouver de l'air par défaut ».

Je ne veux pas porter de jugement sur des détails scientifiques, mais pour mon analyse théologique il est décisif qu'aucun des « cliniquement morts » n'ait vécu la mort biologique, la perte irréversible des fonctions vitales et la destruction des organes et des tissus. Ce qui veut dire : des morts cliniques n'ont que « presque » éprouvé la fin définitive de la vie, mais justement pas « réellement ». Ils étaient tout près du seuil de la mort, mais ne l'ont pas franchi. Ces expériences de mort sont les dernières minutes ou les dernières secondes *avant la mort,* mais elles ne prouvent rien quant à une possible vie après la mort. Cependant, elles donnent à penser. On les appelle avec exactitude des *expériences de mort imminente.*

Je me distingue sur ce point d'Elisabeth Kübler-Ross, qui voudrait voir dans les expériences de mort imminente des preuves d'une vie après la mort. Pour autant, cela ne m'a pas empêché de l'inviter le 30 mai 1983 à l'université de Tübingen pour donner une conférence de professeur invité – ce que je puis faire alors en tant que directeur de l'Institut de recherche œcuménique, devenu indépendant de la faculté, sans rien demander à personne. Aucune faculté de médecine ni de théologie ne l'aurait fait à ma place. Pour les médecins, Elisabeth Kübler-Ross est trop peu « scientifique », elle voudrait qu'on prenne position sur une question de foi. Au contraire, pour les théologiens, elle est trop empirique et trop peu « théologique ».

Pourtant, à l'époque, le directeur de la clinique radiologique de l'université, le professeur Walter Frommhold, accepte d'être avec moi son partenaire de discussion. L'afflux du public est prodigieux : quand nous montons à trois le grand escalier qui mène à la salle des fêtes, nous sommes devant une foule considérable de gens, de sorte que je demande quel enseignement a eu lieu avant nous dans cette salle. On me répond : « Nous voulions tous aller à la salle des fêtes ou à l'audimax pour Mme Kübler-Ross, mais c'est totalement plein. » Ses exposés, qui partent cette fois de dessins d'enfants, sont instructifs et impressionnants. Mais notre débat prend malgré tout un tour critique : des objections du radiologue sont accueillies par les murmures peu amènes du public, qui sympathise avec Mme Kübler-Ross. En tout cas, la soirée est un grand événement et a puissamment fait avancer la discussion.

Quand, l'hiver précédent, la télévision suisse m'avait demandé de mener, le 19 décembre 1982, un « entretien de Nouvel An » d'une durée de quarante-cinq minutes avec Mme Kübler-Ross, j'avais interrompu mes vacances d'hiver pour me rendre à Zurich. Je ne répondis pas à la demande de l'animatrice de « vraiment coincer » la scientifique qui s'intéressait à la mort. Certes, une fois encore, j'avançai explicitement mes réserves quant au fait de tirer d'expériences de mort imminente des preuves d'une vie éternelle. Mais il me paraissait totalement inapproprié de mener un interrogatoire de procureur avec cette femme extrêmement modeste et désintéressée malgré ses succès. Le public devait entendre mes arguments contre sa théorie, mais finalement décider par lui-même. Ce qui était le plus important pour moi en tant que théologien, c'est ceci : la confrontation avec la question du mourir et de la mort doit continuer ! Le critique de la *Berner Zeitung* du 6 janvier 1983 parla d'une « heure stellaire » : « Un débat d'un engagement peu ordinaire, tenu de manière très personnelle, profondément humain. »

3. L'ami perdu : Walter Jens

Avec mon collègue et ami de Tübingen Walter Jens, spécialiste de littérature, je parle à de nombreuses reprises de notre mort. Au *Studium Generale* de l'université, durant le semestre d'été 1994, nous organisons finalement, comme je l'ai dit, un cours à deux voix intitulé « Plaidoyer pour prendre ses responsabilités ».

Or, de façon inattendue, une décennie plus tard, la santé de Walter Jens entame un tournant dramatique : à la suite d'une angiopathie – une maladie des vaisseaux dans le cerveau –, il tombe à partir de 2004 dans une démence qui s'aggrave rapidement – et qui ressemble à la maladie d'Alzheimer. C'est pour sa femme Inge avant tout, avec laquelle il est marié depuis cinquante-sept ans, une situation proche de l'insupportable. Après que la maladie lui a enlevé la mémoire, la pensée et la parole, son fils, un journaliste, explique au monde entier, dans un grand article de la *Frankfurter Allgemeine Zeitung*, les effets concrets effroyables de cette maladie. Sans argument convaincant, il relie même son irruption au refoulement, par son père, de son appartenance, à la fin de la guerre, au parti nazi alors qu'il avait dix-neuf ans*. En tant que Suisse épargné par la guerre et le nazisme, je préfère m'abstenir de porter

* Je renvoie pour cette problématique au livre de Malte Herwig, *Die Flakhelfer. Wie aus Hitlers jüngsten Parteimitgliedern Deutschlands führende Demokraten wurden* (« Les auxiliaires de la DCA, ou comment les plus jeunes membres du Parti hitlérien sont devenus des leaders démocrates »), Munich, DVA, 2013.

un jugement sur les motivations de gens qui ont le même âge que moi (Hans-Dietrich Genscher, Günther Grass, Dieter Hildebrandt, Walter Jens, Walter Scheel, Martin Walser…).

Je suis consterné et je visite Walter le 7 mars 2008, jour de son quatre-vingt-cinquième anniversaire, avec Karl-Joseph Kuschel, qui lui remet à cette occasion le livre qu'il a rédigé sur lui et qui porte le titre *Walter Jens, écrivain et protestant* ; il y met pour la première fois en relation l'œuvre littéraire et l'œuvre théologique de Jens. Une photo de nous trois prise à cette occasion le montre plein de dignité, avec un sourire débordant de gratitude. C'est ainsi que le grand rhéteur qu'il fut, définitivement réduit au silence en 2013, restera dans notre mémoire.

Sa femme Inge est une spécialiste de philologie qui s'est fait connaître avant tout par l'édition, d'une admirable érudition, du *Journal* de Thomas Mann ; en 2003, elle avait encore réussi à publier avec son mari *Frau Thomas Mann,* devenu un best-seller*. Devant une opinion publique qui réclame maintenant des informations authentiques, elle a le courage de donner une interview sur la situation de son mari, interview où son honnêteté et son humanité pleine de tact émeuvent profondément de nombreux lecteurs : « L'homme que j'ai aimé n'existe plus… » Elle-même âgée de quatre-vingt-un ans, elle raconte comment elle a dû assister, impuissante, à la lente « disparition » de son mari dans un monde auquel elle avait peu ou pas du tout accès : « L'esprit est parti, mais le sentiment est encore là ; combien cela devient terrifiant – je ne l'aurais pas cru possible. »

Même comme visiteur régulier, je ne puis que pressentir à quel point la vie au quotidien avec un malade dément est difficile. Même des films récents sur ces malades n'osent pas (et c'est à leur honneur) montrer les conséquences les plus effroyables de la démence sénile. Or la maladie d'Alzheimer est tout sauf anodine ; bien au contraire, elle détruit totalement le malade, physiquement et psychiquement, et elle peut très durement affecter son entourage durant des années : c'est ce que j'ai montré dès mon livre *Mourir*

* Trad. fr. : *Mme Thomas Mann*, Jacqueline Chambon, 2006.

d'une mort digne de l'homme avec une citation d'un chirurgien de renom, S. B. Nuland ; je la reprends au chapitre III de ce livre (cf. p. 73-74). En 2012, l'Allemagne compte 1,3 million de malades selon l'Association Alzheimer allemande*.

Sollicitée dans le sens d'une aide à mourir, Inge Jens me demande : « Pourrais-tu mettre fin à sa vie maintenant ? » Je réponds : « Non, je ne le pourrais pas. » Qui suis-je pour décider cela ? C'est Walter Jens, et lui seul, qui aurait dû prendre la décision dans la phase initiale de sa maladie. Et sa femme doit maintenant le reconnaître : « Oui, il voulait le faire, il l'a réclamé durant des années pour lui : prendre toujours une décision libre pour sa fin de vie. Mais le moment, il l'a, au sens le plus vrai du mot, laissé passer. » Je peux la comprendre quand elle ajoute : « Je prie pour qu'un matin il ne se réveille plus. Si je puis émettre un souhait, c'est qu'il meure vite, d'un arrêt cardiaque, d'un accident cérébral ou de quelque chose d'autre – sans qu'il le remarque. » La veille de son quatre-vingt-dixième anniversaire (8 mars 2013), je lui rends de nouveau visite. Il y a déjà dix ans qu'il est tombé en démence. C'est déprimant. Inge me dit : « Nous ne pouvons regarder ce qui se passe dans sa tête, et lui, cela fait des années qu'il ne peut plus nous dire ce qui lui arrive. Aux yeux de ceux qui l'entourent, c'est une triste existence. J'ai seulement espoir que pour lui-même c'est moins triste. »

C'est ainsi que je vis au plus près ce qui se passe de la même manière pour des milliers et des milliers de patients dans le monde entier. Mais je suis bien obligé de me dire aussi : Où donc, en Allemagne précisément, Walter Jens aurait-il trouvé le médecin qui l'aurait aidé à mourir ? Il aurait certes pu aller en Suisse et s'adresser à une association d'aide à mourir. Parfois, je suis pris de colère en lisant dans la presse les faux-fuyants et les affirmations fausses que répètent des fonctionnaires de la médecine, de la justice et de l'Église – c'est-à-dire ceux qui bloquent un règlement légal de fond de cette situation insoutenable. Car il y a des cas innombrables de personnes fatiguées de vivre, qui ne manquent pas d'attention humaine ni de médecine palliative, et qui disent : « C'est

* 900 000 en France en 2014 selon l'Inserm, et 1,3 million en 2020 *(NdT)*.

effroyable… Je préférerais mourir. » C'est ce que j'ai entendu à de nombreuses reprises de la bouche de Walter Jens lors de mes visites. Mais il n'y a personne pour l'aider à le faire. « Mon Dieu, pourquoi m'as-tu abandonné* ? »

En même temps j'entends parler d'un médecin dont la propre mère souffre terriblement depuis des années et ne cesse de réclamer la mort ; il a discrètement acheté dans différentes officines des médicaments létaux (= causant la mort) pour lui ménager finalement une mort tranquille. Sur ce terrain, combien de choses sont illégales et pourtant moralement légitimes ! C'est pourtant d'une tristesse à mourir, ce qu'on me rapporte en juillet 2012 : une patiente de soixante-douze ans, arrivée au stade terminal d'un cancer du pancréas qui a diffusé des métastases partout, est admise dans le département de soins palliatifs d'une clinique ; la nuit, à quatre heures du matin, elle se jette par la fenêtre pour enfin pouvoir mourir. Je me pose la question : le refus d'aider des mourants à mourir ne serait-il pas un abus semblable à celui qui consiste à provoquer la mort d'une personne gravement malade ?

Je viens de décrire les trois événements vécus essentiels et mes dispositions intérieures par rapport à la mort et l'aide à mourir. Dans ce qui suit, je compte les analyser avec précision et les fonder de manière différenciée, avec des arguments autant philosophiques et juridiques que spirituels et religieux. Je commence par quelques règles de base qui sont de la plus haute importance pour des décisions à prendre dans les cas particuliers.

* Cf. *Erlebte Menschlichkeit* (t. III des Mémoires), *op. cit.*, p. 616. La citation est celle du verset qui ouvre le psaume 22, verset prononcé par Jésus sur la croix selon l'évangile de Matthieu 27,46 (*NdT*).

II. Des normes d'éthique médicale

1. Pour une éthique selon le principe d'humanité*

Dans le domaine médical ne règne pas, en principe, une autre morale que dans les autres sphères de l'existence, telles la politique, l'économie, la culture, l'éducation. Il y a quelques règles éthiques élémentaires, qui valent pour tous les hommes et toutes les institutions. Il existe avant tout un principe fondamental de l'éthique qui, s'il doit avoir une valeur universelle, doit être formulé de façon très générale. Et dans ce cas il ne peut s'énoncer que de la façon suivante : « Tout humain doit être traité humainement. » Ce principe fondamental de l'humanité constitue une des bases de la « Déclaration pour une éthique mondiale » de 1993, que j'ai déjà citée dans mon « Avant-propos ». Il vise sans ambiguïté « tout humain » : homme *et* femme, blanc *et* de couleur, riche *et* pauvre, jeune *et* vieux, en bonne santé *et* malade. Au principe éthique fondamental de l'humanité correspond l'article 1 de la loi fondamentale de la République fédérale d'Allemagne : « La dignité de l'être humain est intangible. Tous les pouvoirs publics ont l'obligation de la respecter et de la protéger. »

Mais que veut dire « humain » ? La définition négative saute aux yeux : « humain » veut dire en tout cas non inhumain, ou même non bestial. Il y a un accord unanime pour dire qu'il est inhumain de torturer des prisonniers, d'abuser d'enfants et de jeunes, et bien

* « Principe d'humanité » : *Menschlichkeit.* Il ne s'agit pas ici du « genre humain », mais du principe éthique d'humanité (*NdT*).

sûr de se servir d'humains comme de purs moyens en vue de fins d'expérimentation médicale ou biologique.

Mais on peut aussi donner une définition très positive de ce qui est « humain ». Dès le « projet d'éthique planétaire » (1990), je l'ai décrit comme suit : « L'homme doit devenir plus que ce qu'il est : il doit devenir plus humain ! Est bon pour l'homme ce qui lui permet de préserver, de promouvoir et d'accomplir son humanité – et cela tout autrement que jadis*. » Le médecin n'est-il pas aujourd'hui dans la position enviable de pouvoir aider aujourd'hui bien plus d'humains qu'autrefois, y compris des malades au moment de mourir ?

2. Que doit être la norme fondamentale de l'éthique médicale ?

Il est universellement reconnu que l'impératif fondamental de l'action médicale est le suivant : *Salus aegroti suprema lex* (la guérison du malade doit être la loi suprême). La « Déclaration de Genève » de la *World Medical Association* oblige le médecin à travers les mots suivants : *« The health of my patient will be my first consideration »* (« la santé du malade sera mon premier souci »). L'*International Code of Medical Ethics* exige que *« a physician shall act in the patient's best interest when providing medical care »* (« un praticien doit agir en soignant dans le sens de l'intérêt supérieur du patient »).

On peut voir là une application de ce qui est le principe fondamental évoqué d'une éthique commune de l'humanité : « Tout homme, qu'il soit sain ou malade, doit être traité de manière humaine et non pas inhumaine. » La règle fondamentale de l'action médicale doit être : *une humanité portant assistance* – jusqu'à la mort.

* Hans Küng, *Projet d'éthique planétaire*, trad. fr. par Joseph Feisthauer, Éd. du Seuil, 1991, p. 62.

3. Que veut dire, aujourd'hui, porter assistance aux humains avec humanité ?

Manifestement, il ne va pas de soi que les humains et même les médecins se comportent en toute situation de manière vraiment humaine. Pourquoi ? L'homme, nous le savons aujourd'hui, procède du règne animal ; de par son évolution il est toujours un être fait d'esprit et de pulsions. Même dans le traitement médical par conséquent, l'homme ne doit être compris ni dans un sens matérialiste comme un corps dépourvu d'esprit, ni dans un sens idéaliste comme un esprit dominant le corps ; il faut au contraire le considérer et le traiter comme une unité psychosomatique, corporelle et spirituelle, considérer le corps et la psyché comme une totalité, voir en lui une personne.

Il s'ensuit pour le *patient* que l'homme conserve, y compris en tant qu'invalide, malade, gravement malade, moribond, sa valeur personnelle entière même quand il ne peut plus fournir la moindre « prestation ». Toute vie humaine a du sens et garde du sens ; c'est pourquoi tout souci pour la vie de l'homme est sensé et reste sensé, et tout humain, même pauvre, malade et devenu vieux, a droit à des soins appropriés. Exercer des pressions sur lui, mettre fin à sa vie comme prétendument « sans valeur » ou « à charge », c'est une expression d'inhumanité, c'est de la barbarie, c'est une honte.

Mais le *médecin* ne doit jamais se contenter de soigner des maladies que l'homme *a* : il doit aussi soigner l'homme qui *est* malade. Toute thérapie doit assurément se fonder sur des connaissances de physiologie pathologique, sur l'expérience et l'évaluation du pronostic, mais elle doit aussi et en même temps être orientée selon des normes éthiques. Même la médecine hautement technique, avec ses appareillages pour la thérapeutique, ne doit jamais mener à la solitude des personnes gravement malades, et la clinique parfaite ne doit justement pas se transformer en station-service de soins biochimiques optimaux. À l'absence de paroles dans nos salles de consultation*, à la dépersonnalisation dans nos hôpitaux et à la domination des appareils qui menace partout, il faut mettre un frein en mettant chaque fois la personne humaine au centre.

Mais la mission du médecin ne devrait pas se cantonner à préserver la vie et à guérir la maladie. Là où cela n'est plus possible, le médecin devrait aussi aider à une « bonne mort », autant que faire se peut sans souffrance ni douleur ; il devrait donner l'espoir d'une mort paisible. Mais, à leur tour, les médecins interpellent les *théologiens*.

4. Peut-on pratiquer une attitude d'humanité même hors religion ?

Absolument ! L'humanité, l'attitude d'humanité est un principe universel, qui vaut pour les croyants comme pour les non-croyants. C'est un fait d'expérience : au cours de l'histoire, des hommes qui précisément ne donnaient pas de motifs religieux à leur humanisme ont manifesté un énorme engagement pour davantage d'humanité. Il est de notoriété publique, à l'inverse, que la *religion non éclairée* a souvent mené à l'inhumanité en ramenant la maladie aux démons ou à Satan, au péché originel, à la culpabilité personnelle ou même au châtiment de Dieu ; ou encore, souvent, à la résignation pieuse face à la maladie, au fatalisme imprégné de christianisme, à laisser de côté la médecine ou les médicaments en justifiant cette négligence par la religion. Aujourd'hui encore, on peut constater dans toutes les religions une régression vers des pratiques médicales superstitieuses, recourant à la magie et à l'occultisme ou imposant leurs tabous.

Il est pourtant patent que non seulement la religion non éclairée, mais aussi *l'absence* « éclairée » *de religion* ou des *pseudo-religions* en apparence éclairées peuvent mener à l'inhumanité. Sur

* Jeu de mots intraduisible entre *Sprach-Losigkeit* (« absence de paroles », « mutisme », « silence ») et *Sprech-Zimmer*, « salle de consultation », « salle d'attente » ou encore « parloir » *(NdT)*.

cette pente, même des gens de médecine précisément ne sont pas sans jouer un rôle important. Je ne pense pas seulement ici à des expérimentations sur l'homme et à des programmes d'euthanasie au temps du national-socialisme, mais aussi aux expérimentations japonaises sur des prisonniers de guerre, ou encore à certains programmes de recherche sur des humains et sur le génome humain aux États-Unis.

Il va de soi qu'avec ce constat je ne demande pas d'additionner les victimes non recensées de l'Inquisition et des guerres de religion avec les millions de victimes des idéologies modernes sans Dieu, les renvoyant ainsi dos à dos. Au contraire : dans ce cas aussi, j'invite d'abord chacun à examiner ses propres défaillances et à parler seulement ensuite de celles des autres – donc de lier la critique et l'autocritique. C'est dans ce sens que je pose la question qui suit.

5. La religion – aussi et surtout la religion – peut-elle devenir la base d'une médecine selon le principe d'humanité ?

De fait, une *religion éclairée* est habilitée à fonder de manière convaincante l'humanité – dans une Réalité première et dernière dépassant l'homme. Cela permet à la médecine, au lieu d'une vision des choses unilatérale, technologique et fondée sur les sciences physiques, une *considération* globale *de dimensions multiples*. Celle-ci est capable de rendre meilleure justice à l'homme total en prenant en considération simultanément des points de vue relevant premièrement de la science, deuxièmement de la légalité et en troisième lieu de l'éthique. Il ne s'agit pas de chercher à mettre en place une médecine religieuse, mais une médecine moralement fondée et ouverte sur la question religieuse, une médecine qui ne laisse pas de côté les dimensions profondes de la réalité, mais intègre de manière décidée dans ses considérations médicales les questions fondamentales de l'existence humaine, y compris celles de l'*homo patiens,* de l'homme souffrant. Cela touche en particulier à la question du mourir et d'une vie après la mort.

Réfléchissons : si Dieu tel que Jésus de Nazareth l'a annoncé existe – un Dieu englobant toute chose et traversant tout, qui entreprend une relation nouvelle avec l'homme précisément dans la mort, du fait que toutes les autres relations avec les humains et les choses sont abolies –, alors il y aurait une base inébranlable pour avoir confiance en la vie : l'homme serait rendu capable non seulement de vivre une vie digne de l'homme, mais aussi de mourir d'une mort digne de l'homme.

En effet, pour le malade cela signifie ceci : il n'a nul besoin de se cramponner avec angoisse à la vie comme son bien ultime, mais il peut se confier en toute consolation, abandon et liberté à la Réalité première et dernière. Lutter pour la santé peut assurément être plein de sens, mais lutter contre la mort à tout prix – l'assistance apportée se transformant en torture – n'a pas de sens. De fait, dans telle ou telle situation déterminée, seule la prière peut encore offrir un sens : un lâcher-prise ultime porté par la confiance.

Pour le *médecin,* cela signifie qu'il ne doit pas voir dans la mort son ennemi mortel qu'il évite quand il lui est devenu impossible de le combattre. Au contraire, le médecin devient alors capable d'accompagner le mourant jusqu'à la fin – en évitant de s'en aller quand la mort survient.

Ou bien est-ce trop demander ? Un idéal trop haut perché ? Quelle que soit la réponse, l'humanité appliquée deviendrait ainsi la maxime médicale conséquente jusqu'à la fin. Une prestation médicale qui ne relève pas des calculs de l'assurance-maladie, une prestation que les patients seraient incapables de payer – et qui aurait pourtant un prix plus élevé que beaucoup de médicaments chers. La mission et l'importance des médecins sont en tout cas bien plus grandes qu'on ne l'imagine en général.

6. Aide à mourir et éthique planétaire

Il reste (je l'ai annoncé dès mon « Avant-propos ») que mon engagement pour l'aide à mourir est mon affaire absolument personnelle ; on ne saurait ni l'imputer ni en faire grief à la Fondation pour une éthique planétaire. Pourtant, j'en suis persuadé, je parle au nom de beaucoup d'hommes qui, au moment de mourir, demandent un accompagnement prenant ses responsabilités. Quelle forme d'aide aux mourants est éthiquement responsable, il en sera question dans le prochain chapitre. Mais, dès à présent, une chose est sûre : aucune aide aux mourants n'est acceptable si elle contrevient aux principes fondamentaux d'une éthique planétaire. Il faut observer autant la règle d'humanité que la règle d'or de la réciprocité, et tout doit être subordonné au respect profond de la vie. La plupart des humains auraient horreur d'une aide aux mourants qu'ils ressentiraient comme inhumaine voire bestiale. C'est pourquoi l'éthique planétaire constitue le cadre éthique d'une aide à mourir responsable et, au sens le plus étendu, aussi d'une « aide lors du mourir ».

III. Les efforts pour un mourir digne de l'homme

1. Utilité et limites de la médecine palliative

La médecine palliative (du latin *pallium,* « manteau », « enveloppe »), extrêmement utile, a fait de grands progrès et doit être mise en place partout pour soulager des douleurs mais aussi pour lutter contre des angoisses, contre l'anxiété, l'insuffisance respiratoire et d'autres symptômes oppressants. La thérapie de la douleur peut rendre supportables de nombreuses maladies incurables jusqu'à leur stade terminal. Cependant, la « palliation » médicale n'est pas la réponse à tous les désirs de mourir. Il est impossible d'effacer dans tous les cas les douleurs de ceux qui souffrent les pires douleurs. Ajoutons que certaines personnes voudraient mourir bien qu'elles ne souffrent pas de douleurs qu'il est impossible de traiter. Il faut donc envisager ici diverses éventualités.

a) Le renforcement de la médecine palliative et le soin généralisé grâce à des thérapies de la douleur s'imposent d'urgence. Il importe de créer de nouvelles chaires d'enseignement et d'instaurer la préparation obligatoire des étudiants en médecine aux soins palliatifs. Il est heureux qu'il existe de plus en plus d'établissements pionniers comme, depuis 1991, le « Projet de Tübingen » : il s'agit, en République fédérale, du plus ancien service ambulatoire de soins palliatifs. De même, dans la clinique des maladies tropicales de l'hôpital Paul-Lechler de Tübingen, une unité de soins palliatifs avec six lits fonctionne depuis 2007 ; grâce à une coopération avec la Clinique universitaire de Tübingen, il y a en outre depuis janvier 2014 une unité de soins palliatifs indépendante, dotée de dix lits, qui tente d'offrir encore une qualité de vie – avec notamment une assistance médico-psychologique – même à de grands malades très âgés et incurables (en particulier des cancéreux). Cependant, la réalisation effective de tous les plans de grande envergure exige des années voire des décennies.

b) Il ne faut pas jouer la médecine palliative contre l'aide à mourir, et réciproquement. On n'est pas devant deux entreprises en concurrence. Plus de huit cent mille personnes meurent chaque année en Allemagne. Or combien d'entre elles se tuent d'un coup de revolver, se jettent sous un train, se précipitent du haut d'un immeuble... : une façon de mourir indigne de l'homme, qu'une attentive prophylaxie du suicide aurait souvent pu éviter. L'aide à mourir et les soins palliatifs représentent naturellement pour les médecins un programme dont ils doivent eux-mêmes de plus en plus intégrer les avancées. Les médecins doivent pouvoir parler ouvertement avec leurs patients de leurs idées de suicide sans avoir à craindre aussitôt des conséquences juridiques s'ils ne prennent pas de mesures (souvent des restrictions de liberté) pour empêcher le suicide.

c) Même le large spectre de mesures venues des thérapies récentes de la douleur n'apporte, dans bien des cas, qu'un allégement « au sens large » – en dehors du fait qu'on enlève dans ce cas au patient tout « état de veille » et qu'on le dépouille de sa volonté, voire de son état conscient. Il faut donc prendre au sérieux les souhaits de mourir ; beaucoup peuvent être accueillis par « plus de présence » à la personne qui les exprime, mais pas tous. Même des spécialistes de la thérapie de douleurs admettent que des douleurs qui surviennent ne peuvent être traitées dans certains cas. Le personnel des hospices rend compte d'expériences similaires. Au dire des médecins, aujourd'hui encore on est incapable d'alléger les douleurs « au sens large » chez tous les malades du cancer.

Mais il existe en outre des cas très critiques : « J'ai soixante-neuf ans et je ne suis pas dément. Je souffre néanmoins de douleurs très, très considérables, par suite de cicatrices dues à des opérations internes et de troubles nerveux. Pour les contrer, je dois prendre quotidiennement des médicaments à hautes doses, dont des anesthésiques. Au sujet de ces douleurs terribles, infernales – malgré des médicaments censés alléger les douleurs –, je puis seulement dire ceci : ce qu'on appelle les traitements de *care* palliatifs pour alléger des douleurs insupportables peut aussi s'avérer une manière de donner une illusion de vie. Même des patients en bonne santé physique, mais déments, peuvent souffrir de douleurs chroniques (sans pouvoir les exprimer) : je l'ai déjà vu alors que je travaillais encore comme infirmière en psychiatrie des personnes âgées*. »

d) La raison des désirs de mourir ne vient pas seulement de douleurs physiques insupportables, mais aussi de la perte durable et douloureuse de la dignité personnellement et individuellement ressentie ainsi que du sens de la vie, et de l'absence de perspective pour une amélioration de la santé. On évoque constamment des cas de patients qui, sortis d'une unité de soins palliatifs, ont mis fin à leur vie malgré l'absence de douleurs, ou qui sont partis en Suisse pour être assistés dans leur suicide. Quand une aide à mourir est demandée, la douleur perçue comme insupportable par les personnes concernées ne doit naturellement pas reposer sur une maladie psychique qu'il serait possible de guérir. Le désir de mourir peut s'accompagner d'un état dépressif. Mais il devrait être exclu que la dépression soit la cause du désir de mourir. Beaucoup de personnes sont susceptibles d'imaginer pour elles-mêmes une aide active à mourir ou un suicide assisté quand elles sont devenues incapables d'actes comme manger, boire, aller aux toilettes de manière autonome.

e) Une étude effectuée en janvier 2014 par l'Institut de médecine éthique de l'université Ludwig-Maximilian de Munich (étude communiquée par le rédacteur en chef de la chaîne ARD) atteste le besoin, chez des personnes atteintes de maladies incurables,

* C.-S. Übelhart, dans *Exit-Info* 4/2013.

d'un suicide médicalement assisté. Sur soixante-six patients très gravement malades, souffrant d'une paralysie musculaire due à une sclérose latérale amyotrophique (une maladie dégénérative du système nerveux moteur, avec faiblesse et atrophie musculaires), presque la moitié (42 %) déclarait qu'elle pensait au suicide et 50 % pouvaient s'imaginer demandant à leur médecin une assistance pour le suicide. Simultanément, les entretiens avec des patients attestent que pratiquement aucun n'ose aborder le sujet avec son médecin. « On peut en conclure que parler de suicide assisté est un tabou dans la relation entre médecin et malade », selon le docteur Ralf Jox, qui a dirigé cette étude. Une interdiction stricte du suicide assisté n'est pas ajustée à la demande de ces personnes très gravement malades, à en croire ce médecin de Munich. Il plaide pour une réglementation définissant un cadre général et des contrôles clairs, qui ouvrent aux médecins la possibilité de l'assistance au suicide. Selon Ralf Jox, « une telle réglementation n'offrirait pas seulement une sécurité juridique, mais prendrait au sérieux les inquiétudes et les angoisses des patients, leur autonomie ».

Selon un communiqué de l'agence DPA (agence de presse allemande) de mai 2012, 66 % des Allemands approuvent « une aide active à mourir » si le destin les mettait dans la situation difficile d'être atteint d'une maladie incurable. Une autre enquête, diligentée fin août 2012 par l'institut FORSA à la demande de l'Association allemande pour une mort humaine a montré que 77 % des personnes interrogées demandent une mort librement choisie, médicalement accompagnée, dans leur propre pays – au lieu de devoir se rendre en Suisse.

Même aux États-Unis – selon un rapport du célèbre Pew Research Center de 2013 –, 62 % des gens interrogés considèrent le suicide comme un « droit moral » quand la personne est soumise à de grandes souffrances, sans espoir d'amélioration. En tout cas, 47 % des Américains adultes approuveraient des lois autorisant l'assistance médicale au suicide.

2. Soutenir le « Mouvement des hospices »

Il faut également éviter de jouer l'aide au mourir contre le très méritoire « Mouvement des hospices » *(Hospizbewegung)** ; eux aussi doivent rester complémentaires.

a) Précisément parce que l'être humain est humain et qu'il reste jusqu'au bout un homme, même quand il est atteint d'une maladie mortelle (avec une mort prévisible) ou quand il est moribond (avec une mort à brève échéance), il a droit non seulement à un temps de vie conforme à la dignité de sa personne, mais aussi à une prise de congé digne et à une fin de vie digne. Dans le Mouvement des hospices, ce n'est pas la guérison ou la prolongation de la vie grâce à la médecine qui est centrale, mais la sollicitude personnelle passant par la conversation, la proximité, la sécurité apportée et donc l'effort pour un mourir digne de l'homme ; ce mouvement mérite d'être soutenu moralement et d'être encouragé matériellement par la société.

C'est pour cette raison que j'ai volontiers souscrit au souhait d'une photographe de Stuttgart, Anna-Lisa Lange, d'écrire pour le catalogue de son exposition *Ponts d'humanité*** une préface sur « le vivre et le mourir à l'hospice ». Avec son collègue Johannes Wosilat, elle s'était déplacée un an durant avec sa caméra à l'épaule pour faire découvrir, grâce à des personnes accompagnant les mourants, des malades proches de la mort – chez eux, à l'hospice, à l'hôpital ou dans des maisons de personnes âgées : des images impressionnantes, certaines tristes et d'autres gaies ; donc pas seulement la fin de vie dictée par la nature, mais aussi les moments heureux. De la sorte, ce n'est pas seulement le côté

* Sur le « Mouvement des hospices » en Angleterre, aux États-Unis et dans des pays du nord de l'Europe, qui a précédé et préparé les soins palliatifs proprement dits, on trouvera de nombreux renseignements sur Internet, à la rubrique « Histoire des soins palliatifs ». Ses acquis et sa philosophie restent largement valides, mais le mot « hospice » a vieilli (en tout cas en France) et même pris une connotation péjorative *(NdT)*.

** En all. : *Brücke der Menschlichkeit. Leben und Sterben.*

pénible de la mort qui était montré, mais aussi sa légèreté qui était suggérée.

Nous avons absolument besoin de plus d'hospices. Heureusement, il existe aujourd'hui, à côté des hospices permanents, des unités ambulatoires, et surtout il y a de plus en plus de soignants et de médecins spécialement préparés pour cette situation, qui viennent visiter les personnes chez elles. Il coule de source que toutes les mesures médicalement indiquées pour maintenir en vie doivent être prises quand les patients le désirent ou qu'ils en ont disposé ainsi.

b) Mais le droit de mourir dignement est parfois refusé à la personne en la reliant interminablement à des appareils ou grâce à des médicaments. Il n'est pas admissible que le processus du mourir soit perverti et remplacé par une vie végétative durant des mois voire des années – une vie assurée par des techniques de « tranquillisation » pharmaceutique ou par l'apport artificiel d'aliments et de liquides (par exemple dans les comas éveillés).

De plus, des hôpitaux de plus en plus nombreux travaillent, et c'est heureux, selon le concept du *palliative care*. On inclut par là des mesures qui calment la douleur d'un malade inguérissable, lui procurant ainsi la meilleure qualité de vie possible jusqu'à la fin. Les soins palliatifs n'incluent pas seulement des traitements médicaux et des soins, mais aussi un soutien psychologique, social et spirituel. Les parents proches sont impliqués dans le processus. Dans le *palliative care,* on s'efforce d'accompagner les personnes malades ou mourantes aussi loin que possible dans un lieu souhaité par eux. Des structures en réseaux doivent rendre possible une continuité dans le traitement et la prise en charge. Dans le Bade-Wurtemberg en particulier (avec le projet évoqué de Tübingen en tant que « fer de lance »), mais aussi en Suisse, on s'efforce d'établir une proposition généralisée de *palliative care* et d'intégrer pleinement ce dernier dans le système sanitaire et social ainsi que dans la formation et la recherche.

c) Ma troisième perspective n'a pas davantage pour objet de critiquer sur le fond le Mouvement des hospices, mais de le placer dans le cadre plus large de soins véritablement humains *(human)* aux personnes en train de mourir. Le sociologue Reimer Gronemeyer, de Giessen, approuve totalement le Mouvement des hospices, mais il craint aussi présentement les risques d'une croissance qui déraille : « Le Mouvement des hospices voulait un nouvel accompagnement humain. Ce que nous voyons maintenant, c'est en réalité le développement d'un appareillage dominé par les médecins ; il prend de plus en plus les traits d'une nouvelle section de l'assistance à l'hôpital, qui est certes de plus en plus raffinée, de plus en plus généralisée et de plus en plus parfaite d'une certaine manière, mais qui donne cependant parfois l'impression qu'on verra poindre à l'horizon une assistance industrielle aux mourants. » Dans son nouveau livre (avec Andreas Heller), *Mourir en paix** (2014), Gronemeyer met au clair « ce que nous nous souhaitons et ce que la médecine moderne ne peut réaliser » : « On pourrait avoir l'impression que notamment là où la médecine palliative s'est imposée, c'est une voie de la perfection qui s'affiche en même temps qu'une plus grande froideur. Je pense que si nous allons vers un "mourir soumis au contrôle de qualité", nous nous trompons de chemin. – La médecine est capable de beaucoup de choses, et elle est devenue de plus en plus importante dans les rapports avec la fin de vie. Mais nous devons en même temps faire valoir avec véhémence que la médecine ne peut pas tout. Et que ces questions fondamentales – Qu'en sera-t-il pour moi ? À qui dois-je encore pardonner, ou à qui dois-je encore demander pardon ? – font exploser le cadre de la médecine. Je souhaiterais volontiers pour moi une médecine palliative, et aussi un Mouvement des hospices, qui s'autolimitent et déclarent sans équivoque ce qu'ils peuvent et ce qu'ils ne peuvent pas**. »

* En all. : *In Ruhe Sterben*, Munich, Pattloch, 2014.

** Chaîne SWR 2 (Südwestrundfunk)/Savoirs, Conférence dans l'aula, 20 avril 2014 : « Mourir sans la médecine d'appareillage – Plaidoyer en faveur de ce que nous souhaitons pour nous. »

3. Fatalement exposés à la maladie d'Alzheimer ?

Tübingen entretient avec cette maladie une relation spéciale. Car c'est là qu'en 1906 le médecin Aloïs Alzheimer (1864-1915) rendit compte du « processus caractéristique et grave d'une maladie touchant le cortex cérébral » ; il les ramenait à des plaques amyloïdes dans le cerveau, produites en trop grand nombre ou insuffisamment éliminées. Malheureusement, à l'époque, la faculté de médecine de Tübingen ne prit pas au sérieux le rapport d'Alzheimer.

C'est aussi à Tübingen que la maladie d'Alzheimer devint plus particulièrement l'objet de la recherche neurobiologique. Dans le cadre de l'Institut Hertie pour la recherche clinique cérébrale, le docteur Mathias Jucker, neurobiologiste suisse, dirige depuis 2009 le Centre allemand des maladies neurovégétatives. Jucker s'étonne qu'on n'ait toujours pas trouvé de thérapie pour la maladie d'Alzheimer, diagnostiquée il y a plus de cent ans. À la question : « Que peut-on faire au titre de la prévention ? », il me répond avec un léger sourire : « Ne devenez pas vieux et vous n'attraperez pas cette maladie. »

De fait, la principale cause du risque de dégénérescence neurovégétative est l'âge. Mais ses mécanismes sous-jacents sont pratiquement inconnus. Parmi les facteurs de défense, on nomme le sport, l'activité intellectuelle, une alimentation saine, le maintien de relations sociales… La vaccination contre l'Alzheimer serait envisageable s'il n'y avait pas de conséquences secondaires – ce qui n'est pas le cas jusqu'à présent. Mais je ne doute pas que cette recherche intensive finira par apporter une aide importante aux nombreux humains pour lesquels vieillir devient une épreuve de plus en plus lourde : les maladies du vieillissement ne sont pas imparables. Je ne doute pas non plus qu'on puisse de la sorte découvrir les raisons de la maladie d'Alzheimer, une maladie dévastatrice, et qu'on se rapprochera ainsi d'une thérapie efficace.

Pour l'heure, il faut naturellement saluer le fait – une fois encore illustré par Tübingen et ses environs – que des centres de conseil gériatro-psychiatriques dans ce district du *Land* ainsi que le centre gériatrique de la clinique de l'université de Tübingen mènent des campagnes d'information et d'action appelées « La démence... au milieu de nous ». La démence sénile crée très souvent, pour les malades concernés comme pour leurs proches, tensions et isolement. Dans le seul district de Tübingen, on compte environ trois mille malades de démence. Il est donc compréhensible que l'on tente d'enlever aux gens la peur de la démence en leur donnant des conseils sur la façon dont les personnes malades et leur entourage peuvent se comporter quand ils sont confrontés à la maladie d'Alzheimer. Mais il ne faut pas non plus oublier qu'il s'agit ici d'une maladie menant à la mort, et ce dans les pires conditions. Ce sont avant tout les phases terminales de la maladie qui donnent à réfléchir, précisément, comme nous l'avons déjà noté, parce qu'elles restent entre parenthèses dans de nouveaux films sur la maladie d'Alzheimer.

J'évoquerai encore une fois ici S. B. Nuland, mais cette fois grâce à une citation littérale assez longue de son livre intitulé *How We Die**. Ce chirurgien professeur à l'université Yale, décédé en 2014, décrivit très tôt, de la manière la plus crue, le cours de la maladie :

> Les patients perdent peu à peu leur autonomie et finissent par être totalement dépendants de l'aide extérieure. Si le patient ne succombe pas avant le stade final à une attaque cardiaque ou cérébrale ou à une autre complication, il se trouvera très vraisemblablement exposé, comme on l'a dit, à un dépérissement indigne de l'homme. En dernier lieu sont perdues toutes les fonctions supérieures du cerveau. Auparavant déjà, de nombreux patients sont devenus incapables de mastiquer, de se tenir debout ou d'avaler. Affectés de quintes de toux spasmodiques quand on les nourrit, ils représentent pour le soignant une épreuve psychologique pénible, surtout quand la personne concernée croit que c'est sa maladresse qui a occasionné cet accès. À ce stade de la maladie, la famille se trouve confrontée à de lourds problèmes de conscience. Elle doit décider si le patient doit

* New York, Vintage, 1995 (citation p. 164-165).

être nourri artificiellement avec une sonde et quels moyens médicaux doivent être utilisés pour le maintenir en vie.

Pour les patients qui ont perdu leur conscience ou qui ne perçoivent plus rien du monde extérieur, la décision de renoncer à une alimentation artificielle peut signifier la solution. De nombreux témoins de l'existence grabataire des malades atteints d'Alzheimer considèrent qu'accorder une telle mort au malade est bien plus humain que de lui imposer les paralysies et les déficiences alimentaires qui sont la conséquence quasiment inévitable de la nourriture artificielle des grands malades durant la phase terminale. L'incontinence, la pression permanente créée par l'état grabataire et un manque de protéines dans le sang provoquent presque toujours des escarres. Il en résulte des plaies avec des ulcères, lesquelles finissent par laisser affleurer le tissu musculaire, les tendons et même des os. Une telle vue est très difficile à supporter pour les familiers proches. De savoir que le patient lui-même n'a plus de perception de tout cela n'y change rien pour eux.

L'incontinence, l'absence de mouvement et l'insertion des sondes occasionnent des infections dans les voies urinaires. Comme le réflexe de la déglutition est perdu, le patient fait entrer, en respirant, de la bave et de la morve dans ses bronches, ce qui accroît le risque de pneumonie. Là aussi, des décisions pour les traitements ultérieurs doivent être prises, et elles sont lourdes de conséquences ; outre la conscience personnelle des proches, elles interrogent les normes sociales, religieuses et éthiques ainsi que l'éthique médicale. Il vaut parfois mieux laisser la nature accomplir tranquillement son œuvre de destruction.

Restons-en là de cette description, discutable dans le détail, de S. B. Nuland.

C'est là que le théologien doit se poser des questions fondamentales : Suis-je donc obligé de supporter tout cela jusqu'au bout et dois-je exiger cela aussi de mes contemporains, notamment des chrétiens ? Ne faut-il pas regarder en face le fait que cette maladie enlève à l'homme la personnalité et aussi ce qu'il a construit durant une vie entière, sa place personnelle dans la société ? Le professeur Jucker aime montrer l'image peinte d'un cerveau où tous les savoirs et tous les sentiments sont représentés comme des livres : « Peu à peu les livres tombent de l'étagère, ensuite les étagères s'écroulent, c'est comme un effet domino qui traverse de part en part le cerveau. »

Actuellement, nombre de théologiens sont d'avis que l'homme doit tenir jusqu'à la « fin prévue » pour lui et qu'il n'a pas le droit de remettre sa vie « avant l'heure ». Je reprendrai exactement les termes de cette question dans les chapitres qui suivent : le Dieu Créateur bon a-t-il vraiment « prévu » une réduction de la vie humaine à une vie purement biologique et végétative, avec de l'incontinence, des cathéters, une sonde stomacale et des plaies qui produisent des ulcères ? Beaucoup se demandent aujourd'hui pourquoi le fait de remettre librement, de façon responsable, une vie définitivement détruite, avec des souffrances insupportables, devrait nécessairement être « avant l'heure ». La mort n'est absolument pas toujours l'ennemie de l'homme.

L'objection selon laquelle le patient malade d'Alzheimer serait incapable de prendre une décision tombe dès lors que la décision a été prise plus tôt dans la vie, ou au plus tard au premier stade de la maladie – comme l'a décrit avec empathie Martin Suter dans son roman *Small Word**. D'après une information de la revue professionnelle *Radiology,* en octobre 2006, l'université de Californie a développé une procédure informatisée grâce à laquelle il est possible d'établir, moyennant une analyse des valeurs « ADC » (possible grâce aux techniques de l'IRM), l'ampleur des dommages dans la substance grise du cerveau.

Dans sa réplique à l'article d'Udo Reiter cité dès le début parmi les « réactions » (cf. p. 40), l'ancien président du SPD, Franz Müntefering, s'engage passionnément en faveur de la dignité même de la personne démente. « Est-on, en tant que dément, “une ombre de soi-même” ? Oui. Mais est-on également malheureux, également superflu, également dénué de valeur ? » Non, bien sûr que non. Müntefering a raison sur ce point. Mais si un homme refuse

* Paru en 1997, trad. fr. sous ce titre par Henri-Alexis Baatsch, Christian Bourgois, 1998.

d'assumer la démence sénile qui s'étend éventuellement sur des années, avec toutes ses conséquences négatives, y compris une existence végétative sans retour, cet homme mérite-t-il d'être disqualifié ? C'est exactement ce que fait Müntefering en reprochant trop vite à ces personnes leur « manque de courage » : elles « se détournent de la possibilité d'être personnellement concernées, elles s'enfuient devant le défi qui leur est proposé, elles "se tirent" ».

Franz Müntefering a droit au plus grand respect pour s'être retiré, alors qu'il était ministre et vice-chancelier, afin de soigner son épouse atteinte d'un cancer. Je partage aussi son exigence d'un soutien plus fort à la médecine palliative et aux hospices. Mais ce n'est pas la réponse à ce problème fondamental. Déjà ce n'est pas une solution à la question de fond : en tant qu'homme et *a fortiori* en tant que chrétien, suis-je tenu d'aller non seulement jusqu'à la démence, mais jusqu'à une existence végétative incurable ? Quant à moi, en tout cas, je ne comprends que trop bien qu'un nombre croissant de gens mettent en scène une mort déterminée par eux-mêmes, non pas comme « la plus élégante des cérémonies d'adieu en appuyant sur un bouton », pour reprendre la formule polémique de Müntefering, mais en y découvrant la liberté donnée par Dieu de prendre en compte la responsabilité de sa propre vie jusqu'à la fin.

Même Müntefering sera impressionné s'il lit l'histoire dramatique que raconte l'écrivaine française Emmanuèle Bernheim, *Tout s'est bien passé**. Elle raconte comment son père, marchand d'art parisien, prie sa fille de lui faciliter, à lui qui a perdu tous ses moyens après une attaque cérébrale, l'accès au suicide. Il en résulte pour elle et sa famille un grave conflit de conscience. Mais on voit aussi par cet exemple que dans un tel dilemme il ne peut en aucun cas y avoir une solution universelle. Au contraire, chacun devrait être renvoyé à sa liberté de choix. Du reste, on discute actuellement de plus en plus à propos du point suivant : Y a-t-il aussi une alternative à la mort provoquée par des médicaments ?

* Paris, Gallimard, 2013.

4. Un jeûne pour mourir ?

À en croire des médecins, des patients désireux de mourir renoncent souvent au solide et au liquide pour provoquer une « mort naturelle ». On a une information systématique et objective sur le « renoncement volontaire à la nourriture et à la boisson* » dans le rapport des professeurs Boudewijn Chabot, psychiatre et sociologue à Haarlem (Hollande), et Christian Müller, neurobiologiste et docteur en sciences naturelles à Marburg. Ce rapport, publié à Bâle en 2010, est intitulé : « Une issue à la fin de la vie. Décider de mourir en renonçant volontairement à boire et à manger. » La base de ce livre est constituée de plus d'une centaine de récits sur des personnes mortes après qu'ils n'avaient plus rien bu pendant plus de six jours. Elles avaient en général décidé de provoquer leur mort avant l'heure plutôt que de continuer à vivre encore des mois ou des années, après une discussion de fond avec une personne de confiance et parfois aussi avec leur médecin. Je reconnais avoir eu d'emblée de la sympathie pour cette manière de mettre fin à sa vie et je pensais qu'elle éviterait bien des problèmes du suicide accompagné.

Mais voilà : il y a des médecins, des juristes et des spécialistes de l'éthique qui considèrent que même un jeûne pour mourir est un suicide (non permis). Renoncer à s'alimenter et à boire est pourtant naturel dans la mesure où aucune mesure médicale et technique abrégeant la vie n'est prise. À l'inverse d'une mort brutale, le jeûne pour mourir rend possible un adieu à la vie progressif, sur une certaine durée, autant que faire se peut en présence de proches ou d'amis.

Je peux concevoir que des mourants préfèrent le jeûne pour mourir au suicide provoqué par des moyens médicaux. Dans tous les cas, il faudrait que le mourant soit accompagné médicalement, chaque fois selon ses besoins : aide psychosociale, de médecine

* Abrégé, en allemand, en FVNF : *Freiwilliger Verzicht auf Nahrung und Flüssigkeit.*

palliative, de type théologique et pastoral. Si le patient a arrêté l'ingestion de liquide, il peut cependant éprouver du soulagement grâce aux soins de sa bouche (humidification au moyen d'un brumisateur ou de glace pilée).

Mais le jeûne pour mourir n'est pas sans risques. Je me pose des questions qui me font hésiter à choisir cette solution. Pourquoi voudrais-je d'un processus pour aller vers la mort durant des semaines, dont je ne sais ni quand ni comment il finira ? N'est-il pas, dans certaines conditions, cause de souffrances qui me paraissent inutiles – avec un décubitus (une position allongée qui engendre des escarres), des sondes permanentes et d'autres complications, des nausées, de l'agitation, de la panique et finalement un obscurcissement voire une perte de la conscience ? J'aimerais en tout cas garder le contrôle de moi-même jusqu'au bout et ne pas le déléguer à d'autres, et je suppose n'être pas le seul à faire cette option.

Pour leur part, les dirigeants politiques ne devraient pas faire de leurs convictions privées la mesure de leur politique. Je suis pleinement d'accord avec Urban Wiesing, médecin et philosophe, directeur de l'Institut d'éthique et d'histoire de la médecine à l'université de Tübingen : « Les voix qui s'élèvent contre toute forme d'aide organisée au mourir sont avant tout motivées par le rejet du suicide en soi. Mais ce n'est pas l'objet de la décision en cause, et en traiter dépasse les pouvoirs du Parlement. Il est compétent pour des lois, non pour des réflexions. Les hommes politiques ne devraient pas succomber à la tentation de prescrire aux citoyens leurs convictions privées sur le suicide. C'est vrai aussi de ceux qui mettent en garde contre une idéalisation du suicide. Celui ou celle qui sollicite librement, en toute responsabilité, une assistance au suicide dans une situation devenue insupportable et sans perspectives, n'idéalise rien du tout. Il voudrait préserver son ultime chance de se construire lui-même*. »

Quelle fin de vie souhaitent les gens ? Richard Smith, éditeur du *British Medical Journal,* a énuméré dans un éditorial de l'année 2000 les douze éléments qui suivent pour une « bonne mort » :

* Dans le journal *Die Zeit* du 10 avril 2014.

– *Savoir quand* vient *la mort*, et comprendre *ce à quoi* il faut s'attendre.

– *Garder le contrôle* de l'événement.

– Que soient sauvegardées la *dignité* et la *sphère privée*.

– Un bon traitement des *douleurs* et d'*autres symptômes*.

– Recevoir toutes les *informations* nécessaires.

– Avoir droit à tout *soutien spirituel* et *émotionnel*.

– Recevoir des *soins palliatifs* partout, pas seulement à l'hôpital.

– Pourvoir déterminer *qui doit être là à la fin*.

– *Pouvoir décider d'avance* quels désirs devraient être respectés.

– *Avoir du temps* pour prendre congé.

– *Pouvoir partir* quand l'heure est venue, et ne pas avoir à subir une *prolongation de la vie qui n'a pas de sens*.

Ces points ont été commentés de manière détaillée par un des médecins de soins palliatifs les plus expérimentés, le docteur H. Christoph Müller-Busch dans son livre intitulé *Prendre congé demande du temps. La médecine palliative et l'éthique du mourir**.

* En all. : *Abschied braucht Zeit. Palliativmedizin und Ethik des Sterbens*, Berlin, 2012.

IV. Quelle aide à mourir ?

1. L'euthanasie obligée est un meurtre

L'aide à mourir, dans son sens le plus large, comprend toutes les mesures d'ordre corporel ou psychologique destinées à faciliter la mort de malades incurables. Il ne sera question ici que de l'aide à mourir *médicale*, qui inclut toute mesure médicale pour éviter une mort atroce. Je l'ai dit : dans l'Antiquité grecque et juive, l'« euthanasie » signifiait littéralement la « bonne mort », la belle mort, la mort rapide, légère, sans douleur, parfois aussi la mort au champ d'honneur. Nous ne devrions en aucun cas renoncer à ce concept qui a une grande tradition éthique, malgré l'usage criminel qu'en ont fait les nazis. Il faut néanmoins réfléchir à ce qui suit.

Soulager la souffrance au moment du mourir ne fut reconnu comme un devoir des médecins qu'au XVIe siècle, par le philosophe Francis Bacon. Et c'est depuis le XIXe siècle qu'on parle d'une *euthanasia medica*. L'impunité d'une euthanasie ayant pour objectif l'homicide à la demande de patients ou de malades incurables de même que l'homicide limité aux malades incurables furent d'abord discutés au sein de la Ligue des monistes allemands, une association antireligieuse se réclamant des Lumières, après qu'elle eut été préparée par des courants du darwinisme social au nom de la « survie des forts ».

Depuis les années trente du XXe siècle, il existe aussi dans des pays anglo-saxons des sociétés d'euthanasie qui propagent le droit à une mort agréable. Dès 1922 était paru l'ouvrage de Karl Binding et Alfred Hohe, *L'Autorisation d'anéantir la vie qui ne vaut* *pas d'être vécue**. Ils réclamaient la mise à mort de « coquilles humaines vides » et d'« existences ballast », dont l'entretien ne saurait être exigé de la société humaine.

Durant la période nazie, cette théorie fatale fut mise en œuvre de façon criminelle par le tristement célèbre « programme d'euthanasie », sur la base d'un décret secret du Führer daté du 10 septembre 1939 : on estime que dans des « établissements de mise à mort » spécialement affectés à cette tâche, environ soixante mille à quatre-vingts mille personnes furent assassinées jusqu'au mois d'août 1941. La première protestation officielle vint de Mgr Clemens August von Galen, archevêque de Munich : l'élimination de millions de Juifs, Gitans, Roms... dont « la vie ne vaut pas d'être vécue » était purement et simplement un meurtre de masse, un meurtre abominable. Les grandes déclarations internationales de médecins depuis la Seconde Guerre mondiale ont rappelé qu'une telle « euthanasie forcée » était indiscutablement en contradiction avec les droits de l'homme, et même une violation grossière de ces droits. Pourtant, la honte due à ce crime, sans doute le plus immense de l'histoire humaine, ne devrait pas être compensée en Allemagne par un tabou posé sur toute forme d'aide à mourir et par le dénigrement de ses partisans. Les meurtres de masse forcés, qui sont des crimes, ne doivent en aucun cas être confondus avec la demande d'individus qui sollicitent aujourd'hui une aide miséricordieuse pour mourir.

2. L'aide à mourir qui est communément acceptée

En général, ce qui est accepté aujourd'hui, c'est l'*aide à mourir* ou l'euthanasie *qui n'abrège pas la vie*. Le médecin se limite ici à l'administration de médicaments qui calment ou anesthésient la douleur. Une aide à mourir de ce type est sans risque, il est possible d'en répondre éthiquement et elle est souvent proposée par les médecins. Tout homme a droit à une mort humaine, une mort

* Titre allemand : *Die Freigabe der Vernichtung lebensunwerten Lebens.*

« naturelle », vraiment humaine. Il convient dans ce cas que les souffrances corporelles soient ramenées à un degré supportable et aussi que le psychisme humain soit soutenu par de la pharmacopée pour surmonter le choc émotionnel de l'ultime phase de la vie.

On accepte aussi en général l'*aide à mourir* passive ou l'euthanasie qui *abrège indirectement la vie* (c'est l'aide à mourir indirecte). Ou, plus exactement, on admet l'aide à mourir en interrompant la prolongation artificielle de la vie. Déjà dans la morale classique, valait la proposition que l'homme ne doit pas obligatoirement user de *media extraordinaria,* de « moyens extraordinaires » pour se maintenir en vie. Cela vaut du patient comme du médecin.

Concrètement, cela signifie que le *patient* n'est pas tenu de supporter en toute situation toute thérapie ou toute opération possibles qui prolongent sa vie. Il peut absolument refuser, par exemple, l'implantation d'un stimulateur cardiaque ou ne pas désirer poursuivre une dialyse à domicile. Il est néanmoins incontestable qu'il existe des situations inverses, où le patient se sent tenu – par exemple à cause de sa famille – d'accepter telle ou telle opération.

Le *médecin* non plus n'est pas obligé dans tous les cas d'utiliser des médicaments extraordinaires pour obtenir à tout prix une prolongation de la vie. Quand, par exemple, un carcinome ou une détérioration irréversible du cerveau ne sont plus traitables et que des fonctions d'organes vitaux ne peuvent être rétablies, quand la force de résistance du patient est épuisée, quand le processus du mourir se prolonge durant un certain temps et se réduit à l'extinction successive des dernières fonctions vitales, le médecin n'a pas besoin d'intervenir contre des complications qui surviennent, même si la mort s'en trouve accélérée. Il n'a donc nul besoin de poursuivre indéfiniment telle ou telle thérapie, mais il peut laisser mourir le patient d'une mort « naturelle ». C'est une aide à mourir où le médecin reste passif et où l'écourtement de la vie intervient de façon indirecte ; sur cette aide à mourir passive règne aujourd'hui une large unanimité entre médecins, juristes et théologiens. Ce genre d'aide à mourir est aussi souvent désigné par l'expression : *interruption du prolongement artificiel de la vie.*

3. Abréger la vie pour soulager la douleur

Chez des patients qui souffrent d'une maladie très grave, on peut admettre un « abrégement de la vie » qui résulte d'une sédation de la douleur. L'obligation d'alléger la douleur a, dans ces cas, la préséance sur l'obligation de maintenir la vie d'une personne humaine.

Pour les médecins qui pensent pouvoir ou devoir faire tout ce qui est techniquement faisable, les principes pour l'accompagnement des mourants publiés par la Chambre fédérale des médecins allemands en 2004 rappellent que le devoir de maintenir la vie a des limites. Il n'est pas permis que des humains soient indéfiniment confinés dans des conditions indignes. C'est à bon droit qu'il est fait devoir aux médecins d'aider à une mort « dans la dignité » et qu'est exigée d'eux une « sollicitude humaine intense » : chez des malades capables de discernement, il importe de respecter la volonté du patient suffisamment éclairé « même quand cette volonté ne recouvre pas les mesures conformes au diagnostic des médecins et à la thérapie préconisée par eux ». Il est heureux que les directives de la Chambre fédérale des médecins, révisées à plusieurs reprises, mettent de plus en plus nettement en avant le « droit à l'autodétermination du patient ». Les mesures prises pour prolonger la vie peuvent être « arrêtées ou ne pas être continuées en accord avec la volonté du patient quand elles se contentent de simplement différer le moment de la mort et que le cours de la maladie ne peut plus être enrayé ».

Les principes de la Chambre fédérale des médecins veulent réagir contre l'abus des médicaments et des appareils, en soi si bienfaisants. De tels « principes » sont par conséquent des « aides à la décision » qu'il importe de saluer. Ils montrent que même la médecine allemande est ouverte à la nouveauté dans les questions autour du laisser mourir et peut-être aussi de l'accompagnement des mourants, et que les positions autrefois si éloignées se sont dès à présent rapprochées. Mais il reste assurément des points sur lesquels même de nombreux médecins attendaient plus de courage pour assumer les responsabilités jusqu'au bout et proposer des solutions constructives.

4. L'aide à mourir contestée

Est contesté ce qu'on appelle l'aide à mourir active (ou euthanasie active), qui vise *directement l'abrégement de la vie* : la « mort par compassion ». Sur cette aide à mourir, j'ai marqué une position différenciée dès mes cours de 1982*. Il régnait autrefois un consensus sur le rejet de toute aide active à mourir ; c'est pourquoi, dans la plupart des États, mettre fin à la vie d'une personne même si cela répond à son désir sans équivoque reste un délit.

Le commandement : « Tu ne tueras pas » veut dire, si on le formule avec précision : « Tu ne dois pas tuer ! » Mais il faut faire la distinction : mettre fin à la vie de quelqu'un est un meurtre si et seulement si cela a lieu pour des motifs bas, par scélératesse et par violence, contre la volonté de la personne concernée. Cependant, mettre fin à une vie pour des motifs bas n'est pas tout : il est tout aussi irresponsable de le faire pour des motifs superficiels et légers (par exemple quand un homme dans la force de l'âge met fin à sa vie après un échec professionnel, sans considération pour sa femme et ses enfants).

Mais mettre fin à une vie ne peut-il pas se faire aussi en toute responsabilité ? « La vie n'est pas », y compris selon la Bible et la conception catholique traditionnelle, « le Bien suprême » (Schiller). L'« indisponibilité » de la vie ne vaut absolument pas de manière inconditionnelle ; l'engagement de la vie pour un bien plus élevé, la légitime défense, individuelle et collective, jusqu'à la mort de l'agresseur, « le droit de tirer » pour mettre fin à une prise d'otage, l'engagement de soldats au péril de leur vie sont permis par principe en tant qu'attitudes éthiques. Dans la Bible, « se tuer soi-même » (le suicide) n'est nulle part expressément interdit : les suicides d'Abimelek, de Samson et du roi Saül sont pour partie rapportés avec

* Repris dans *Vie éternelle ?* (chapitre VII, parties 6-8), Seuil, 1985.

approbation ; mais ce n'est pas le cas de Judas qui trahit Jésus, et ce suicide est malheureusement devenu dans la tradition chrétienne le symbole par excellence de tout suicide – comme si tout suicide était une trahison de la foi chrétienne.

5. Entre aide passive et aide active à mourir : une zone grise

Dans la pratique, il arrive que l'aide à mourir passive ou l'aide active ne soient pas aussi nettement séparées que dans l'abstraction conceptuelle. Les délimitations juridiques entre « direct et indirect », « vouloir et prendre en compte », « faire et s'abstenir » disparaissent dans la zone grise de la pratique. Le soixante-sixième Congrès des juristes allemands (en 2006) recommande de remplacer les concepts trompeurs de l'aide à mourir active, passive et indirecte par les expressions : « mort conférée après demande », « interruption des traitements destinés à prolonger la vie », « mise en œuvre de mesures pour alléger la douleur ». Il importe cependant de compléter la clarification conceptuelle par quelques clarifications concrètes.

a) Les détracteurs de la législation hollandaise* devraient au moins reconnaître avec honnêteté qu'il règne en Allemagne une zone grise éthique et juridique. Certains médecins considèrent déjà l'arrêt de l'apport d'alimentation artificielle comme une aide « active » à mourir. Quant à l'Académie suisse des sciences médicales, elle estime non seulement que renoncer à l'alimentation et à l'hydratation artificielle constitue une aide à mourir « passive » qui est permise, mais elle inclut dans cette autorisation l'arrêt volontaire de l'apport d'oxvgène, de médication, de transfusion sanguine et de dialyse pour la personne plongée dans un coma irréversible. Au contraire, la Congrégation pour la doctrine de la foi au Vatican qualifie, dans son décret de septembre 2007, l'alimentation par sonde comme une part des soins de base que, pour cette

* La législation des Pays-Bas en matière de fin de vie est, depuis 2001, particulièrement « libérale » (*NdT*).

raison même, il est interdit d'arrêter. Elle reste ainsi loin derrière les principes fondamentaux de la Chambre fédérale des médecins et de la jurisprudence allemande.

b) L'extinction d'un appareil respiratoire ou d'un rein artificiel apparaît naturellement aussi à beaucoup de médecins comme une « passivité » extrêmement active (je dirais volontiers : une *contradictio in adjecto,* une contradiction dans les termes). Du côté juridique, cette méthode – récemment admise même par les Églises – est mise sans équivoque au compte de l'aide à mourir passive. Mais pourquoi le « laisser mourir de faim » ou « de soif » un patient, qui peut être très douloureux, est-il permis au titre d'une aide à mourir prétendument passive alors qu'une surdose de morphine est réprimée par la loi ? Une dose légèrement augmentée de morphine pour une entrée progressive dans le sommeil serait dans certains cas plus miséricordieux et à certains égards « plus passif ». C'est exactement ce que font dès aujourd'hui en toute discrétion un certain nombre de médecins.

c) En Allemagne règne souvent une double morale : l'aide à mourir « active » est quotidiennement – c'est ce qu'on entend dire du côté médical – exercée de par une authentique miséricorde et avec un discernement raisonnable. Seulement, il ne faut pas en parler. Officiellement, on prend position avec véhémence contre toute aide à mourir « active », mais en privé on apporte sans rechigner une aide « pour » mourir (et non « au moment du » mourir). Qui (et quel tribunal humain) pourra savoir si tel médecin a donné, par exemple, de la morphine uniquement pour soulager la douleur alors qu'il sait de manière certaine que le patient mourra de la sorte plus tôt (ce n'est pas puni !), ou s'il donne cette dose avec l'intention directe de provoquer la mort de la personne qui souffre (et c'est un délit) ? À coup sûr, plus d'un médecin aurait recours pour sa part, très personnellement (entre collègues), à cette aide « active », si même il n'y recourrait pas pour lui-même, pour son propre « mourir ». Mais ce qui est permis au *medicus patiens* (au « médecin malade ») ne devrait-il pas l'être davantage encore pour l'*homo patiens* en général ? Faudrait-il que le moribond soit livré aux sentiments du médecin (qui a peut-être une vision des choses étroite) ?

Il n'est pas étonnant en tout cas que les deux tiers de la population allemande souhaitent pour eux-mêmes, si une maladie très grave survient, la possibilité d'abréger leurs souffrances, éventuellement avec l'aide d'un médecin. Et, manifestement, si de plus en plus de médecins sont prêts à apporter leur aide, ils ne sont pas prêts à en parler ouvertement. Ils ont à craindre les sanctions de la Chambre fédérale des médecins, présidée par des gens conservateurs, qui a interdit (parce que « non médical »), en invoquant la « déontologie professionnelle », ce qui est permis par l'État et soutenu par la population. Après que beaucoup de chambres régionales n'ont pas admis cette décision de la Chambre fédérale des médecins, on aurait pu au moins laisser l'aide à mourir à la conscience de chaque médecin et renoncer à toute sanction. Il existe un consensus sur le fait qu'aucun médecin ne peut être contraint à l'aide à mourir. Il y a de même consensus sur le fait que celui qui propose une aide à mourir à une personne décidée à se suicider suite à des troubles de nature pathologique continue de commettre un homicide passible de sanctions pénales. D'après la récente enquête de l'Association allemande pour une mort humaine auprès de ses membres – sur les problèmes dont la DGHS devrait s'emparer au plus vite –, on trouvait en première place la demande de la médiation de médecins apportant leur aide lors du suicide. Les médecins seraient les plus à même de juger quel médicament agira en lien avec les remèdes pris depuis une longue période par des gens gravement malades ; il faudrait absolument exclure tout risque d'une tentative de suicide ratée.

Ingrid Matthäus, dirigeante bien connue du Parti social-démocrate, souligne qu'« avec la criminalisation de l'accompagnement du suicide, présentement envisagée par certains politiques, celui qui décide de se donner la mort, souvent dans des conditions personnelles extrêmement difficiles, est sciemment abandonné à sa solitude. Il est forcé ensuite de prendre ce chemin tout seul, sans une aide de dernière heure et, pour cette raison, avec des symptômes secondaires tout à fait effroyables. Je ne considère pas seulement cette situation comme contraire à la Constitution : elle est profondément inhumaine* ».

Même dans le Mouvement des hospices, il en est plus d'un qui croit qu'on ne peut plus s'opposer honnêtement à la problématique de l'aide « active » à mourir, qu'il est devenu impossible de la « tabouiser » : il s'agit au contraire de s'enquérir non plus seulement des arguments contre, mais, sans préjugés, des arguments en sa faveur. Il règne une grande incertitude juridique, qui ne doit plus peser sur chaque médecin individuellement.

6. En finir avec l'incertitude juridique

Je décrirai ici seulement un cas. Début 2008, un pneumologue de soixante-neuf ans était hospitalisé à la Clinique universitaire d'Ulm. Il souffrait d'une fibrose grave du poumon à son stade terminal, avec des angoisses d'étouffement. Un jour, en présence de sa femme âgée de soixante-treize ans et de son fils de quarante-cinq ans, professeur de médecine, ce malade arracha de son visage le masque à oxygène et devant ses proches veillant à son chevet il exprima son désir de mourir. Le fils et l'épouse s'accordèrent pour dire qu'il fallait épargner à cet homme des souffrances supplémentaires et lui administrèrent une dose massive de morphine en ouvrant totalement la pompe de dosage près du lit. Dans son réquisitoire, le procureur demanda par conséquent une peine de prison de six mois à cinq ans.

Les accusés ne s'exprimèrent pas durant le procès. Que l'un des deux ou tous les deux aient effectivement augmenté l'afflux de morphine n'était pas contesté. Le doute portait sur le point suivant : cette dose était-elle mortelle ? Quatre experts renommés furent invités à la barre durant le procès, et presque tous furent d'avis que le patient était décédé d'une affection pulmonaire. L'apport de morphine à la fin n'avait pas nécessairement eu des effets mortels.

* *Frankfurter Allgemeine Zeitung* (*FAZ*) du 7 mai 2014, « Mein Ende gehört mir » (« Ma fin m'appartient »).

On attendait désormais du tribunal un jugement de fond qui pourrait s'étendre aussi à d'autres cas. Mais s'agissait-il d'« aide au moment de la mort non susceptible de conséquences pénales » ou d'« aide pour mourir susceptible de conséquences pénales » ? Le procureur général qui souleva cette question admit qu'elle n'avait pas de réponse. Aussi prenait-il en compte la suggestion de la défense et demandait-il un non-lieu. Ce qui fut fait. On ne décida rien. Mais faut-il se contenter d'une telle issue ?

Il était compréhensible que les experts veuillent aider leur collègue avec leur avis ; néanmoins, ils furent de fait incapables de dire avec certitude que l'élévation de la dose de morphine n'était pas la cause directe de la mort du patient. Du point de vue éthique, le cas n'eût pas été, en réalité, si compliqué : en effet, on ne saurait contester que le malade parvenu au stade terminal était en droit et en capacité d'opter pour la mort. Et il était plus que compréhensible, humainement parlant, que son épouse comme son fils ne s'opposent pas à ce désir mais lui apportent leur concours. Ils ont pu agir de manière absolument juste selon leur conscience. Il aurait donc fallu les acquitter. Mais voilà : le paragraphe du Code pénal qui interdit toute aide à mourir active s'y trouve toujours. En conséquence, l'incertitude juridique demeure. Pourtant, du point de vue éthique, elle aurait enfin besoin d'une solution claire.

V. Être responsable de soi-même jusque dans la mort

1. Don de Dieu et, simultanément, devoir de l'homme

De la dignité de l'homme procède le droit à se déterminer lui-même pour sa vie, toute sa vie, même pour l'ultime étape, celle du mourir. Du droit à la vie ne s'ensuit nullement un devoir de vie, de continuer à vivre dans tous les cas. Les convictions religieuses des juifs, des chrétiens et des musulmans impliquent que la vie humaine, dont l'homme n'est pas redevable à lui-même, est en dernière instance un don de Dieu. Mais, en même temps, la vie est aussi, selon la volonté de Dieu, le devoir de l'homme. Elle est donc mise à notre disposition personnelle (et non à celle d'un autre), et nous en sommes responsables. C'est vrai aussi de la fin de vie, du mourir. L'aide à mourir doit être comprise comme l'aide ultime à vivre. Pas plus qu'ailleurs, nulle hétéronomie ne devrait l'emporter ici, mais uniquement l'autonomie fondée, pour les croyants, dans la théonomie (la « loi de Dieu »). Tout patient possède ce droit à l'autodétermination, de plus en plus reconnu et adopté dans les temps récents par les tribunaux allemands.

La vie : don de Dieu et devoir de l'homme. Les hommes d'Église en particulier, qui entonnent à l'envi et de façon monotone le refrain que la vie est un don, sont invités à dire comment ils conçoivent ce devoir à accomplir par l'homme.

2. S'autodéterminer – même à la fin de sa vie

De nombreux médecins continuent à passer outre la volonté des patients ; ils font tout ce qui est techniquement et médicalement possible. La prolongation de la vie est pratiquée indépendamment des changements qui s'opèrent dans les dispositions des patients. C'est un plaidoyer passionné en faveur de l'autodétermination même en fin de vie que soutient Michael de Ridder, spécialiste de médecine interne durant de longues années, aujourd'hui médecin chef aux urgences d'un hôpital de Berlin et titulaire du prix Ossip-K. Flechtheim pour son engagement dans la politique de la santé. Dans son livre intitulé *Comment voulons-nous mourir ? Un plaidoyer médical pour une nouvelle culture du mourir en des temps d'hyperperformance médicale**, il écrit que la liberté de l'individu consiste en l'autodétermination de cet individu quant à son projet de vie personnel et sa réalisation. Cette autodétermination est enracinée au cœur de notre système juridique. Ce n'est absolument pas le rôle du médecin que de maintenir la vie à tout prix et de considérer ce maintien selon ses propres convictions comme équivalent au bien du patient. Au final, ce serait donner carte blanche pour reculer jusqu'à l'absurde, c'est-à-dire jusqu'à l'inhumanité, le dogme du « caractère sacré de la vie ».

De Ridder n'hésite pas non plus, dans ce contexte, à critiquer l'attitude de nombreuses communautés religieuses, en particulier celle de la communauté catholique : « Elle relativise le droit à l'autodétermination en rappelant que toute vie humaine est reçue de Dieu, et du reste, la disposition à souffrir qui appartient à l'image chrétienne de l'homme n'y est sûrement pas pour rien. Dès 1995, dans le cadre de l'encyclique *Evangelium Vitae*, le pape Jean-Paul II déclarait sans équivoque que l'interruption d'un traitement maintenant en vie représentait *toujours* une grave offense de la

* En all. : *Wie wollen wir sterben ? Ein ärztliches Plädoyer für eine neue Sterbekultur in Zeiten der Hochleistungsmedizin*, DVA, Munich, 2010 (citation p. 200).

loi divine. Ce n'est qu'au début de l'année 2009 que le Vatican confirma encore une fois cette position, quand fut décidé l'arrêt de l'alimentation artificielle de la patiente italienne Eluana Englaro, qui se trouvait depuis dix-sept ans, à la suite d'un accident d'automobile, dans un état de vie végétative permanent (“coma éveillé”) : cet arrêt, suite à son autorisation indirecte, aboutit à un spectacle politico-médiatique monstrueux et indigne. Excédant de loin les limites de son pouvoir et de ses compétences, le pape décréta de nouveau que l'alimentation artificielle de mourants, en particulier de patients dans le coma, constituait non pas un traitement de nature médicale, mais une mesure de soins basiques auxquels on ne pouvait renoncer en aucune circonstance ; en conséquence, conformément à la doctrine de l'Église, des patients doivent être *de facto* nourris de force *même contre leur volonté déclarée* et à l'encontre des avis médicaux. »

En 2012, à l'occasion de la remise du prix Nonino de la culture à Percoto près d'Udine, dans le nord de l'Italie, j'ai eu à prendre position, lors d'un débat au grand théâtre d'Udine, sur le cas de leur concitoyenne Eluana Englaro. Je me suis prononcé clairement pour le droit de la jeune fille et de sa famille à demander une aide effective à mourir. Les longs applaudissements m'ont renforcé dans ma conviction.

3. Respecter la volonté des patients

Le médecin doit donc devenir le partenaire du patient désireux de mourir. Laisser la décision de vie et de mort au seul médecin est, pour cette raison, une idée insupportable à beaucoup de patients, qui se sentent menacés de devenir prisonniers d'un système médical ultratechnicisé. Le principe de la responsabilité personnelle du patient s'en trouve atteint. Un nombre croissant de médecins considère aussi que c'est là une prétention démesurée.

En principe, ce devrait pourtant être, pour les médecins et même pour les juges, un soulagement s'ils peuvent abandonner la décision au patient ou aux proches qui en sont responsables. Une décision d'un tribunal fédéral en 1994 (l'« arrêt de Kempten ») représente à cet égard une étape essentielle. Il leva la condamnation, pour interruption d'alimentation artificielle, d'un médecin et du fils d'une femme tombée depuis trois ans dans le coma. Pourquoi cette levée de la condamnation ? Le tribunal régional qui avait jugé l'affaire avait ignoré la volonté de la patiente qui, déjà huit ans avant sa mort, avait exprimé le souhait d'un arrêt des traitements dans certaines circonstances ! Le tribunal régional prononça par la suite, en appel, un acquittement. Après l'audition de plusieurs proches et amis de la malade, il s'était avéré que cette dernière était dans une « disposition de base » : « Elle ne voulait pas végéter ni survivre dans un état moribond, pas non plus être branchée à des tuyaux ni être totalement dépendante d'une aide extérieure. » Cette sentence fut confirmée par un jugement du tribunal d'appel de Francfort et par le jugement de la Cour fédérale de Karlsruhe en date du 17 septembre 2003.

4. Des dispositions de patients qui constituent une obligation légale

Les patients ne perdent pas leur droit à l'autodétermination quand ils n'arrivent plus à s'exprimer eux-mêmes. Dans ces cas, il importe de prendre en compte pour les décisions de traitements des déclarations antérieures du patient, qui peuvent être, par exemple, consignées dans des dispositions écrites. Ces souhaits doivent être respectés même s'ils s'opposent à la mise en œuvre d'une thérapie destinée à prolonger la vie. Cela peut être spécifié comme suit : pas de respiration artificielle, pas de réanimation en cas d'arrêt subit du cœur, pas de chimiothérapie... En aucun cas, je ne veux continuer à être nourri artificiellement ni bénéficier d'une respiration artificielle durant des mois voire des années. Il ne s'agit absolument pas ici d'un faire mourir, mais d'un laisser-mourir. J'accepte ma finitude et mon caractère mortel.

Les principes de la Chambre fédérale des médecins, fixés en 2004, s'alignent aussi sur ces principes : « Chez des patients incapables de donner leur accord, le refus d'un traitement exprimé dans des dispositions écrites du patient est une obligation pour le médecin dans la mesure où la situation concrète correspond à celle que le patient décrit dans ses dispositions et qu'on ne voit pas d'indications d'un changement ultérieur de ses volontés. » Les dizaines de milliers de personnes qui ont déjà pris leurs « dispositions écrites de patients » leur en seront reconnaissantes. Elles n'ont plus besoin de se sentir régentées désormais par le médecin tranchant de tout en dernière instance. Il faut saluer ici un véritable progrès, et il faut seulement espérer qu'on procède ainsi dans la pratique des médecins, du personnel soignant et des juges. Une formation des médecins (et d'autres groupes professionnels) concernant les relations avec les patients est indispensable pour que les désirs exprimés par avance soient réellement mis en œuvre. Le médecin traitant notamment devrait apporter sa compétence pour aider à la formulation des dispositions écrites de patients.

Des dispositions de patients doivent être, comme tout autre testament, respectées inconditionnellement (sans chercher des prétextes et des réinterprétations pour les éviter) et surtout sans se limiter à certaines situations médicales précises. Elles sont légalement obligatoires pour le médecin. La Cour fédérale a confirmé dans son jugement du 17 avril 2003 le caractère légalement obligatoire des dispositions écrites de patients : « Quand un patient est incapable de donner son accord et que son affection principale a pris un cours irréversible vers la mort, il importe d'arrêter des dispositifs visant à le maintenir en vie ou à prolonger sa vie, si cet arrêt correspond à sa volonté exprimée auparavant – par exemple sous la forme de ce qu'on appelle des dispositions écrites de patients. Cela procède de la dignité de l'homme, qui impose de respecter son droit à l'autodétermination, exercé alors qu'il était encore en capacité de donner son accord, même une fois qu'il n'est plus en état de prendre une décision dont il porte personnellement la responsabilité. C'est seulement lorsqu'une telle volonté déclarée du patient ne peut être établie que l'autorisation de tels dispositifs peut être jugée d'après la volonté présumée du patient – qu'il faut ensuite établir individuellement, donc d'après les décisions prises dans sa vie, d'après sa conception des valeurs et selon ses convictions*. »

Ce qui est problématique, certes, dans ce contexte, c'est la condition restrictive que « son affection principale a pris un cours irréversible vers la mort ». Il n'est pas non plus acceptable de retirer au patient concerné son droit à l'autodétermination dans certaines situations, comme le coma éveillé ou la démence avancée et d'interdire pour eux l'interruption des dispositifs de prolongation de la vie. C'est précisément pour ces cas de maladies que la plupart des gens aimeraient être prévoyants. Même le Comité d'éthique national de la République fédérale s'est clairement prononcé en juin 2005 contre un caractère obligatoire limité des dispositions écrites de patients (contre la limitation de leur portée). Il ne faudrait pas mettre en place de nouvelles barrières, par exemple des certifications devant notaire ou l'obligation d'un renouvellement régulier des dispositions prises.

5. Une activité médicale dans l'intérêt des malades

Tout médecin agit-il toujours dans l'intérêt du malade en voie de mourir et l'aide-t-il de manière humaine au moment où il meurt ? L'expérience montre qu'il est malheureusement impossible de le présupposer.

Bien des médecins compréhensifs apportent leur aide secrètement, fût-ce, souvent, avec mauvaise conscience. Même ceux qui, aux Pays-Bas, s'opposent à la loi néerlandaise sur l'aide au mourir espèrent trouver pour eux-mêmes personnellement, me dit-on, « un médecin compatissant ». Mais comment et où le patient ordinaire trouvera-t-il le « bon » médecin ? À certains médecins, il manque malheureusement toujours la sensibilité à la problématique actuelle du mourir.

Un seul témoignage parmi beaucoup, que j'ai trouvé dans une lettre qu'on m'a envoyée : « Les cas que vous-même avez cités

* Arrêt de la Cour fédérale, XII ZB 2/03, du 17 avril 2003.

(dans votre livre) de vieilles personnes déjà plongées dans le coma, qu'on a ramenées à la vie et condamnées à vivre de nouveau une vie de moribond, ne sont pas rares chez nous non plus. Ma propre mère en fait partie. Avec ses plus de cent ans, c'est une épave humaine. Chaque jour on la sort encore du lit et elle reste ensuite assise des heures dans son fauteuil à attendre… Elle parle très souvent de la mort : "Je crois que le bon Dieu m'a oubliée." Elle a aussi déjà demandé au docteur : "Pouvez-vous me donner quelque chose pour que je puisse mourir ?" J'ai parlé au docteur pour lui demander si l'on pourrait réduire ou progressivement supprimer des médicaments qui soutiennent le cœur. C'est hors de question pour le médecin. »

Ou encore une aide-soignante dans une maison de retraite : « J'ai compris très vite qu'à l'opposé des seniors qui peuvent passer leurs vieux jours à la maison, une mort (à la maison de retraite) est en pratique très difficilement possible. Je constate très souvent qu'ils sont envoyés à l'hôpital par le médecin. Ainsi d'une femme âgée de plus de quatre-vingt-dix ans : elle était à l'article de la mort, mais à l'hôpital on l'a ramenée à la vie grâce aux techniques médicales. Elle a encore vécu ensuite quatre semaines. Ne pouvait-on la laisser s'endormir ? Une autre vieille, du même âge, passe sa vie au lit : elle n'est plus capable de parler ni de s'exprimer ou de manifester la moindre joie. Aucun proche ne vient la voir. Elle a attrapé ensuite une inflammation des poumons, et il fallut l'emmener à l'hôpital ; depuis ce moment, elle ne reçoit plus que du thé grâce à une sonde nasale. »

Récemment on s'est mis à utiliser une sonde stomacale stérile (PEG) pour environ cent quarante mille patients – chez plus de la moitié sans leur accord : c'est une aide considérable pour ceux qui sont susceptibles de réfection, mais pour des mourants, c'est souvent une prolongation de leurs souffrances et une façon de reculer leur mort. La médecine palliative doit elle aussi éviter de maintenir artificiellement des mourants en vie durant des semaines, des mois voire des années. Il s'agit peut-être de cas extrêmes, mais cela arrive.

6. Organiser l'aide à mourir ?

Aucun médecin ne doit être contraint d'accompagner un suicide. Mais, inversement, une organisation pour l'aide à mourir ne doit pas être exclue. Qu'elle ait un coût n'est pas un argument ici. Udo Reiter, qui fut longtemps le directeur financier de la chaîne Mitteldeutscher Rundfunk et qui est assis depuis 1966 dans une chaise roulante, a raison de dire que « le reproche souvent exprimé qu'on gagne ici de l'argent avec la misère des gens et qu'il faut empêcher cela à tout prix est absurde. Tout hôpital et toute pratique médicale sont aussi des entreprises qui se font rémunérer pour leurs services. Pourquoi faudrait-il récuser cette façon de faire quand il s'agit de l'aide à mourir* ? ».

Les Églises justement doivent réfléchir au fait qu'elles aussi demandent de l'argent pour les enterrements et qu'à cette occasion elles sollicitent même souvent une « offrande » supplémentaire, sans qu'on qualifie cela d'« industrie » pour le déprécier. Aussi peu que les Églises, les organisations de l'aide à mourir ne font de publicité pour le mourir : elles offrent tout simplement aux individus leurs services pour les aider. Selon un sondage Emnid de 2012, 49 % des Allemands interrogés approuvent la légalisation de l'aide à mourir commerciale, 41 % la rejettent.

Un autre point du débat suscite beaucoup plus de controverses : médecins et soignants doivent, à certaines conditions, bénéficier de l'impunité lorsqu'ils pratiquent l'aide au suicide. S'il y a des doutes sérieux quant à la droiture de leur action, la justice peut intervenir même en l'absence de réglementation spéciale. Il est nécessaire alors que le personnel médical soutienne ceux qui sont concernés. Selon le même sondage, 47 % des Allemands acceptent de concéder aux médecins et aux soignants cette attitude d'aide, 45 % le refusent.

Une heureuse confirmation de ma position a été offerte par la remise déjà évoquée du prix spécial Arthur-Koestler par la DGHS à

* *Süddeutsche Zeitung* du 21 décembre 2013.

Bonn-Bad Godesberg le 8 novembre 2013 : je me suis senti soutenu dans mes efforts pour expliquer qu'on peut aller dans le sens d'un mourir autodéterminé, non seulement pour préserver l'autonomie humaine, mais aussi en partant de la confiance profonde en la Réalité de Dieu.

7. Libéraliser le suicide des vieillards ?

Exit, l'organisation suisse pour l'aide à mourir, a lancé en 2010 une nouvelle proposition pour les personnes âgées et très âgées qui n'ont certes pas de maladie mettant leur vie en danger, mais une multitude d'infirmités. S'y ajoutent souvent des facteurs psychologiques et sociaux, la crainte de perdre l'autonomie, peut-être un diagnostic de démence. Tout cela peut faire qu'une personne fasse le bilan de sa vie et en conclue qu'elle préférerait ne plus continuer à vivre (c'est le « suicide par bilan »). Dans une interview du *Beobachter* de juin 2014, Saskia Frei, juge des affaires matrimoniales et présidente de l'organisation Exit, expliquait pourquoi cette libéralisation était devenue nécessaire :

« Malheureusement, ces personnes sont souvent obligées aujourd'hui de mettre fin à leur vie dans la solitude et par violence. Elles se tirent une balle ou se pendent, se précipitent du haut d'un balcon de leur maison de retraite ou se jettent sous le train, se noient ou se procurent un mélange de médicaments dangereux. Certes, ces tentatives comportent aussi toujours le risque d'échouer. Est-ce digne ou non ? C'est pour cette raison précisément qu'est né le débat que nous soutenons désormais fermement à Exit : il faut arriver pour les personnes âgées à une libéralisation telle qu'elles puissent trouver une voie douce, sûre et digne, où leurs proches non plus ne sont pas laissés seuls. »

À l'objection selon laquelle on risquait d'instituer un suicide pour convenances personnelles s'il devenait si facile de mettre fin à sa vie, Saskia Frei répondit : « L'obstacle reste très fort. Mais le nombre des suicides violents a diminué, en Suisse, en proportion des suicides assistés. Grâce à l'aide à mourir, nous n'avons donc plus en Suisse davantage de suicides, mais d'autres suicides. »

Il est vrai qu'il y a certainement des personnes qui préféreraient être seules pour leur dernière heure. Mais la majorité sera probablement reconnaissante si l'un/l'une de ceux/celles avec qui elles ont partagé leur vie est présent/e et si une personne familière leur tient la main. En tout cas, il faudrait garantir un départ digne, en évoquant ce qui a été vécu et atteint ensemble, éventuellement en offrant l'ultime occasion d'un pardon ou d'une réconciliation*.

* Cf. H.-Christof Müller-Busch, *Abschied braucht Zeit* (« Partir demande du temps »), Suhrkamp, Francfort, 2012.

VI. Le changement de paradigme dans la considération de la vie humaine

Durant les dernières décennies, nous n'avons pas seulement assisté au déplacement de quelques règles de vie : c'est toute une configuration de notre conception de la vie et de la mort qui est en train de changer, et ce en raison de progrès, inimaginables auparavant, de la médecine et de ses sciences auxiliaires, ou plus exactement : à cause d'une vision nouvelle du début et de la fin de la vie de tout humain, une vision placée sous le signe de l'autonomie.

1. Une vision transformée des débuts de la vie humaine individuelle

Dans son livre intitulé *Mourir : ce que l'on sait, ce que l'on peut faire, comment s'y préparer**, Gian Domenico Borasio, un des pères de la médecine palliative en Allemagne (après un séjour professionnel à Lausanne), a attiré notre attention sur les parallèles biologiques incroyablement nombreux qui existent entre les parcours de la naissance et de la mort. Je voudrais revenir sur ces parallèles dans la problématique éthique.

Jusqu'au XXe siècle, on considérait la vie humaine comme un don de Dieu, comme déterminée par Dieu. Qui accueille un enfant et quand ? C'est Dieu qui en dispose. C'est un événement absolument naturel, dont pourtant Dieu possède les clefs. L'homme n'aurait pas à intervenir dans ce processus. C'est la raison pour laquelle il a paru

* Presses polytechniques romandes, Vaud, 2014.

non naturel et par conséquent immoral de manipuler les rapports sexuels de telle sorte qu'aucune conception ne puisse avoir lieu.

Mais les progrès de la médecine ont apporté une connaissance exacte du processus de la conception, de la grossesse et de la naissance de l'homme. Ce faisant, on a aussi découvert de plus en plus de moyens mécaniques et chimiques pour contrôler la conception et, si on le désire, l'empêcher. La prévention systématique introduite par la «pilule» partout dans le monde a pour conséquence un changement total des attitudes par rapport à la sexualité. Avoir des enfants ou non relève désormais de la décision des partenaires de l'acte sexuel. Une modalité totalement nouvelle d'autodétermination s'impose ici, mais précisément du côté de nombreuses Églises on fait tout pour l'empêcher, l'interdire et finalement la condamner. C'est ainsi que pour le Magistère romain en particulier, la pilule contraceptive, mais aussi l'insémination artificielle et tout avortement restent, aujourd'hui comme hier, des fautes graves.

Mais le combat contre les changements de paradigme au commencement de la vie n'a guère obtenu de résultats significatifs. Je donne simplement une information symptomatique : 90 % des femmes suisses interrompent la grossesse quand elles sont enceintes d'un enfant trisomique (une anomalie des chromosomes). Ces femmes sont-elles toutes dans leur tort quand elles font cela ?

2. Une vision nouvelle de la fin de vie individuelle

Le changement de paradigme à propos de la fin de vie est entré en scène beaucoup plus tardivement au cours du XXe siècle. Mais lui aussi était inévitable. Des médicaments toujours plus efficaces sont apparus pour la prophylaxie et la thérapie, et grâce à des opérations toujours plus audacieuses, la chirurgie est parvenue à remplacer des organes internes importants, dont le cœur. Tout cela au service de la prolongation de la vie. Nous sommes pleinement dans ce processus et bien des nouveautés interviendront encore.

Cette prolongation de la vie individuelle a pour conséquence des relations nouvelles à la mort, d'où la vive discussion sur les différentes formes de l'aide à mourir. Une fois encore, certes, ce sont avant tout des Églises qui voudraient brider autant que faire se peut cette évolution. L'acceptation de toute forme d'aide à mourir doit leur être arrachée. Certaines formes sont toujours interdites, avant tout celles qui sont désignées par la notion d'aide à mourir « active ». Mais là encore le changement de paradigme s'annonce sans équivoque : « Exit, l'association suisse pour l'aide à mourir, enregistre actuellement environ soixante-treize mille membres, dont cinq mille nouveaux inscrits l'an dernier. Le nombre des suicides accompagnés est passé d'environ 100 à 459. La possibilité du suicide assisté recueille un large assentiment dans la population. Il reste à espérer qu'à l'avenir celui qui le veut pourra encore dire qu'il est contre*. »

Malgré tout, le changement de paradigme ne signifie à l'évidence pas le changement de la totalité des principes éthiques. Là encore, la dignité de l'homme reste le critère décisif, que tout changement de paradigme doit prendre en compte.

3. L'allongement de la vie pose des questions nouvelles

Les progrès de l'hygiène et de la médecine, qu'il importe de saluer, ont procuré à de nombreuses personnes une espérance de vie supérieure, et même une période de vie nouvelle, supplémentaire. Celle-ci est devenue et deviendra réalité non pas à partir d'une évolution « naturelle », mais sur la base des améliorations hygiéniques et médicales dues à l'homme (il y a environ cent ans, l'espérance de vie en Allemagne était en moyenne de trente-cinq ans, aujourd'hui elle dépasse les soixante-dix ans !). Mais le revers de ces progrès est qu'un grand nombre d'humains peuvent en arriver à une existence végétative durant des années (en anglais PVS : *Persistent Vegetative Stade*) – dont il a été beaucoup question dans ce livre.

* *Neue Züricher Zeitung* (*NZZ*) du 25 avril 2014.

Cette nouvelle situation historique exige aussi un nouveau rapport au suicide assisté et à la demande de mettre fin à la vie. L'aide au suicide n'est pas interdite en République fédérale par le droit pénal, mais elle est interdite aux médecins, du point de vue de l'éthique et de la déontologie professionnelle, par les principes de la Chambre fédérale des médecins – ce que plus d'une chambre régionale n'a pas admis, comme nous l'avons vu. Il est donc nécessaire de continuer la mise à jour de ces principes. Déjà, pour reprendre les thèses de la Journée allemande du droit *(Deutscher Juristentag)* de 2006 et la prise de position du Comité national d'éthique, il faut pour le moins ne pas exclure de façon catégorique une aide médicale au suicide. Mais il importe d'éviter strictement une assistance au suicide organisée à des fins de lucre.

Or, dans le droit allemand en vigueur aujourd'hui, le médecin qui se contente de préparer la dose létale pour le patient n'est pas susceptible de poursuites, mais le même médecin s'expose à des peines lourdes si par compassion il porte cette même dose aux lèvres du patient ou s'il lui fait une injection ou lui donne une infusion mortelle, donc s'il commet un meurtre sur demande. Dans ce cas aussi, il faut que le législateur procède à une mise à jour des lois pour répondre à la nouvelle situation.

4. L'augmentation considérable des maladies séniles : un défi sociétal et politique

Lors d'un sommet du G-8 à Londres en 2013, les participants avaient sous les yeux les chiffres suivants : 44 millions de personnes dans le monde – 1,4 million rien que dans la République fédérale – souffrent actuellement de la maladie d'Alzheimer. En 2050, le nombre des malades atteints de démence va tripler et montera, selon les estimations, à 135 millions. C'est en tout cas la prévision d'*Alzheimer's Disease International* (ADI), une union internationale d'associations Alzheimer d'intérêt général. Quiconque se trouve dans la phase initiale d'une telle maladie pourra toujours se consoler facilement en pensant que les choses pourraient durer encore très longtemps avant que la situation ne devienne réellement pénible. Ce sera peut-être le cas, mais il importe de voir à quoi ressemble la phase finale qui sera atteinte si l'on se résout à laisser la maladie suivre son cours. Je me permets de renvoyer à la description qu'en donne ci-dessus S. B. Nuland (chapitre III, p. 73-74).

Mais il n'est pas moins important d'être au clair sur les conséquences sociétales, démographiques et politiques, qui résultent de l'augmentation par millions des malades de démence sénile. C'est seulement depuis une date récente que des gouvernements et des organisations internationales se sont sérieusement occupés de ce problème. Les défis pour la santé publique, notamment dans les sociétés « vieillissantes » du Nord, sont gigantesques. Dans les années à venir, il faudra réserver infiniment plus de moyens humains et financiers à la prise en charge des personnes démentes, afin de leur permettre à elles aussi une vie et une fin de vie dans la dignité. Il faut développer avec inventivité de nouvelles possibilités de soins. Les « villages de démence », dont il existe déjà quelques exemples en Hollande, sont-ils la solution ? Leurs défenseurs insistent sur le fait que dans le contexte de ces villages, des déments entourés des soins les meilleurs pourraient encore avoir une vie relativement autonome. Mais pour de nombreuses personnes – pour moi aussi –, de tels ghettos sont plutôt une vision terrible. Ou alors doit-on « décharger », pour les soigner, certaines personnes démentes dans des pays comme la Thaïlande, où la vie n'est pas chère, parce qu'en Allemagne et en Suisse le prix des soins est trop élevé ? Ce qui peut offrir une solution dans des cas spécifiques ne saurait être généralisé.

Mais même avec la perspective d'un environnement confortable et digne, il y aura des gens qui, comme moi, ne voudraient pas arriver jusqu'à l'état de démence et qui préféreraient mettre fin à leur vie à l'apparition des premiers symptômes. Le législateur ne devrait pas poser d'obstacles au suicide de ces personnes. La campagne d'Exit mérite qu'on la soutienne pour permettre à des personnes âgées et très âgées d'avoir un accès plus facile au produit létal qu'est le Pentobarbital, de sorte qu'après une bonne préparation et un bilan établi avec soin ils puissent mettre volontairement fin à leur vie (c'est un suicide par « bilan de vie »). Celui qui veut mourir doit en effet prendre sa décision de mourir tant qu'il est capable de discernement. C'est pourquoi Exit ne peut accompagner que très peu de personnes démentes.

Plus d'un lecteur aura peut-être l'impression qu'on ne parle ici, malgré tout, que dans un langage froid et dépourvu de sentiment des motifs du suicide et de ses possibilités concrètes. Ce n'est pas exact. Il s'agit de faire connaître sobrement et humblement la situation actuelle. Davantage même : c'est précisément mon attitude religieuse et théologiquement réfléchie qui me donne le courage de présenter ces analyses. C'est ce que je voudrais montrer dans le prochain chapitre.

VII. La dimension religieuse du mourir

Celui qui acquiesce à une aide à mourir active, philosophiquement et juridiquement fondée, n'a pas nécessairement à affirmer pour autant la dimension spirituelle et religieuse du mourir. Un homme peut acquiescer à sa mort sans ajouter en même temps un Oui à une vie après la mort. Néanmoins, déjà pour de pures raisons philosophiques, l'hypothèse d'une « vie éternelle » mérite un examen sérieux.

1. La possibilité de dire Non à une vie éternelle

La recherche sur le mourir a aussi eu au moins un effet sur la médecine : la question de la vie éternelle ne peut plus être considérée comme nulle et non avenue simplement avec des arguments tirés de la science et de la médecine. Longtemps considérée comme un objet tabou, la question du « vivre après la mort » est devenue de nos jours, même pour des médecins, une question ouverte. Les expériences positives de mort imminente donnent à des gens l'espoir que le mourir, que beaucoup attendent avec inquiétude et crainte, pourrait ne pas se dérouler, lors de la phase ultime, dans l'angoisse que l'on redoute souvent. Des livres où des personnes rapportent leurs expériences de mort imminente ont beaucoup d'écho. Le visage de bien des personnes décédées n'afficherait-il pas une apparence si paisible et si sereine du fait que tout est derrière et qu'une tout autre vie s'ouvre ? Même pour moi, ces expériences du mourir peuvent être des signes qu'une nouvelle existence après la mort, une transcendance dans la mort, ne doit pas être exclue d'emblée. Mais s'agit-il là de preuves au sens que donnent à ce mot les sciences de la nature ? J'ai dû nécessairement affronter la question.

Lors de neuf cours d'une durée de deux heures, donnés durant le semestre d'été de l'université de Tübingen en 1981, j'ai eu à peser le pour et le contre et pu prendre la mesure des dimensions diverses du problème. J'avais travaillé auparavant sur de nombreux aspects du thème dans *Dieu existe-t-il* (1978)*, en traitant alors à fond la critique classique de la religion aux XIXe et XXe siècles, en particulier la théorie de la projection de Ludwig Feuerbach, sur laquelle sont fondées la théorie de l'opium du peuple selon Karl Marx et la théorie de l'illusion selon Sigmund Freud. La théorie de la projection n'est pas en mesure de démontrer qu'une vie éternelle est *seulement* une projection, *seulement* une consolation intéressée, *seulement* une illusion infantile. Ne serait-ce pas plutôt l'inverse qui est vrai : que la négation athée d'une vie éternelle repose sur une projection qui s'enracine dans la foi en la nature bonne de l'homme (Feuerbach), en la société socialiste (Marx) ou dans la confiance en la science rationnelle (Freud) ?

L'argumentation psychologique, individuelle ou collective, contre la religion comme projection n'est pas concluante en dernière analyse. On doit accorder sans réserve qu'il est possible d'expliquer la foi en Dieu par la psychologie. Mais « psychologie ou non-psychologie » est ici une fausse alternative. Du point de vue psychologique, la foi en Dieu manifeste toujours des structures et des contenus d'une projection, elle est toujours placée sous le soupçon de projection. Mais le fait de la projection ne décide nullement sur le point de savoir si le projet auquel se réfère la projection existe ou n'existe pas. Au désir de Dieu peut sans restriction correspondre un Dieu effectif. Et pourquoi n'aurais-je pas le droit de désirer qu'avec la mort tout ne soit pas fini, qu'il y a un sens dans ma vie et dans l'histoire de l'humanité, bref : que Dieu existe et rend possible une vie éternelle ?

* Trad. de l'all. par Justus Walter et Jean-Louis Schlegel, Éd. du Seuil, 1981.

En même temps que la montée de l'athéisme lié au nom de Feuerbach, la problématique de la mort a pris dans la philosophie allemande une importance spécifique considérable. La question d'une vie après la mort reçoit des réponses diversifiées chez des philosophes dominants du XXe siècle : comme je l'ai montré dans mes cours, elle reste ouverte chez Martin Heidegger et fermement déniée par Jean-Paul Sartre, mais Karl Jaspers lui donne, moyennant certaines réserves, une réponse positive.

Je parle de ces auteurs pour faire comprendre que tout homme qui réfléchit se trouve placé tôt ou tard devant la grande alternative de dire Oui ou Non à une vie éternelle. Ne pas dire Oui signifie ici foncièrement un Non. Cette option négative fondamentale vient au grand jour, avec une impressionnante netteté, chez Bertolt Brecht dans son poème intitulé « Contre la séduction », mais Brecht est un athée dont les négations peuvent être – tout respect gardé – renversées en affirmations riches de sens, moyennant quelques retouches :

> Ne vous laissez pas séduire / Ne vous laissez pas séduire
> Car il n'y aura pas de retour. / Car il y aura un retour.
> Le jour est aux portes ; / Le jour est aux portes ;
> Déjà vous sentez le vent / Déjà vous sentez le vent
> de nuit / de nuit
> Mais de matin il n'y en aura plus. / Mais de matin il y en aura encore.
>
> Ne vous en laissez pas conter ! / Ne vous en laissez pas conter !
> La vie est peu de chose. / La vie est peu de chose.
> Avalez-la à rapides / Ne l'avalez pas à rapides
> gorgées ! / gorgées !
> Vous serez mécontents / Vous serez mécontents
> Quand vous devrez la quitter ! / Quand vous devrez la quitter !
>
> Ne vous laissez pas berner ! / Ne vous laissez pas berner !
> Vous n'avez pas trop de temps ! / Vous n'avez pas trop de temps !
> Que la pourriture saisisse les sauvés ! / La pourriture saisit-elle les sauvés ?

La vie est la plus grande : / La vie est la plus grande :
Elle ne reviendra plus. / Elle reviendra encore plus fort.

Ne vous laissez pas séduire ! / Ne vous laissez pas séduire !
Aux corvées et aux travaux ! / Aux corvées et aux travaux !
Quelle angoisse peut encore vous / Quelle angoisse peut encore vous remuer ? / remuer ?
Vous mourrez avec les bêtes / Vous mourrez avec les bêtes
Et après il y aura le néant. / Et après il n'y aura plus de néant.

Souvent l'on constate que les philosophes actuels n'aiment guère se colleter avec la question d'une vie après la mort. Le philosophe suisse Peter Bieri par exemple, qui enseigne à Berlin, aborde les « multiples dignités humaines » dans son livre *Une manière de vivre**. Dans son dernier chapitre, il parle de la dignité comme reconnaissance de la finitude et fait des réflexions très fines sur le mourir et le laisser mourir. Je constate beaucoup de points communs avec mes propres conceptions, par exemple le refus du concept de « suicide » au profit de l'expression « mettre fin à sa vie ». Mais on cherche en vain chez lui une réponse à la question d'une vie après la mort. Il ne la pose même pas, bien que cette question soit soulevée par les religions et en permanence posée existentiellement par une foule de gens. Ne devrait-on pas, même comme philosophe, par exemple dans la ligne d'Immanuel Kant, être en droit d'affirmer du moins la possibilité d'une vie éternelle ? Ne devrait-on pas au moins se poser la question : pourquoi les religions donnent-elles, chacune à sa manière, une réponse positive à l'idée d'une vie éternelle ?

2. Un Oui à une vie éternelle fondé en raison

Dans la question de la « vie bonne » entre aussi celle de la « bonne mort ». Avec cette question, l'ultime question parmi toutes les

* En all. : *Eine Art zu leben*, Hanser, Munich, 2012.

grandes questions, il est exigé des humains, plus que jamais, un acte de confiance raisonnable – qu'ils peuvent aussi refuser. Cette confiance néanmoins est profondément enracinée dans l'histoire de l'humanité. Si nous ne mourons pas tout simplement « avec les bêtes », il vaut la peine de se remettre en mémoire, même si elles sont fort diverses, les réponses très révélatrices que les religions ont données depuis l'âge de pierre à la question : Y a-t-il une seule existence ou plusieurs ?

Le philosophe Wilhelm Schmidt, qui est aussi un directeur de conscience philosophique (à Berlin, comme Bieri), avance une réponse prudente : « En tant que passage à une autre vie, la mort pourrait encore apparaître belle et désirable. Peut-être n'est-elle, en réalité, rien d'autre que le passage de l'état de veille au sommeil. Au cours de la vie même, il est souvent difficile d'admettre qu'il y aura cette situation autre. C'est seulement lorsque la grande fatigue submerge quelqu'un que tout semble aller de soi. Il faudrait dans ce cas avoir confiance que toute vie ne finit pas avec la mort, que c'est uniquement la vie vécue sous cette forme qui se rétablit dans le sommeil de l'être pour une autre vie. Et de même qu'un somme peut être salutaire, il se pourrait que le sommeil de l'être aussi guérisse les blessures de la vie avant qu'elle ne recommence autrement. Ce qui n'a pas été réglé dans l'ancienne vie pourrait être confié désormais à une possible vie nouvelle, pour avancer dans un abandon serein, dès ce côté-ci de la frontière, vers le grand large. Pouvoir tabler sur la possibilité d'une autre vie, d'une vie nouvelle, nous libère, nous qui prenons de l'âge, du stress de la vie, de l'obligation de tout demander à la prétendue "unique vie" ici-bas. Et s'il en allait malgré tout autrement après ? Du moins cette vie-ci fut-elle alors une belle vie*. »

Dans mes cours pour préparer la publication de *Vie éternelle ?*, en 1981, je présente avec sympathie les arguments pour une réincarnation sur cette terre, mais pour finir je les récuse malgré tout car je les considère comme non convaincants. Ce disant, je reconnais

* Cf. *Gelassenheit. Was wir gewinnen, wenn wir älter werden* (« Sérénité. Ce que nous gagnons en prenant de l'âge »), Berlin, Insel Verlag, 2014.

volontiers que pour ma part, au regard de ma propre vie vécue, avec ses douleurs et ses souffrances au-delà de toutes ses réussites, je n'éprouve pas la moindre envie de revenir, sous quelque forme que ce soit, dans cette vie qui sera de toute façon de nouveau remplie de souffrances, quel que soit le bonheur que je puisse y trouver. Après tout, même des bouddhistes et des hindouistes préféreraient en fin de compte sortir de ce *samsara,* ce cycle des renaissances plein de souffrances, et « s'éteindre » en entrant dans un *nirvana,* lequel néanmoins n'est pas conçu par la plupart des bouddhistes dans un sens nihiliste, mais comme Réalité et Béatitude suprême.

C'est ainsi que j'ai délimité dans mes trois premiers cours l'« horizon » de la question autour de la vie éternelle, pour exposer, dans les trois cours suivants, intitulés « L'espérance », le message biblique ; je pouvais me référer abondamment à mon livre *Être chrétien* (1974)* et à ses chapitres sur la pensée d'un réveil de la mort (son apparition tardive dans le judaïsme ; le témoignage pascal le plus ancien et ses développements ; la compréhension du *réveil de la mort* non pas comme un retour à la vie de mon cadavre en tant qu'entité corporelle, mais comme l'entrée de toute ma personne temporelle dans l'éternité de Dieu...). La foi en une vie éternelle est pour moi une conséquence logique tirée de la foi au Dieu éternellement vivant. Mais je traitais aussi des déclarations problématiques de la confession de foi sur Jésus, descendu dans le royaume de la mort et monté au ciel. J'en suis conscient : si ces cours n'avaient pas été publiés en 1982, deux ans après la grande confrontation avec Rome, mais auparavant, plus d'une parmi mes conceptions aurait fait hurler l'Inquisition, par exemple celle de la *résurrection* corporelle ou plutôt du réveil par Dieu, qu'il faut interpréter comme un réveil spirituel, ou encore celle du *purgatoire,* dont il faut donner une interprétation symbolique et non pas en termes de « lieu ».

La troisième partie de mes cours concerne les « conséquences » de la foi en une vie éternelle. J'y soumets à la critique des idéologies

* Trad. de l'all. par André Metzger et Henri Rochais, Seuil, 1978, et en poche, « Points-Essais », 2014.

qui promettent aux hommes le ciel sur la terre. Ensuite, j'examine tant les théories physiques que les déclarations bibliques sur la fin du monde. Par là se clôt la série des thèmes très divers placés sous la rubrique de « Vie éternelle ? ».

« Crois-tu encore, en réalité, en une vie après la mort ? » Telle est la question que m'a posée récemment, totalement sérieuse, une de mes sœurs. « Oui », ai-je répondu avec conviction. Mais ce n'est pas du fait que j'aurais prouvé rationnellement cette vie après la mort. C'est au contraire parce que j'ai préservé en moi cette confiance raisonnable en Dieu et que je puis, dans la confiance en l'éternité de Dieu, faire confiance aussi à la vie éternelle pour moi. Je crois avoir de bonnes raisons pour cela.

Mes convictions fondamentales là-dessus n'ont pas changé au cours des années. Je reconnais néanmoins que les nouveaux télescopes et les nouvelles recherches dans les immensités infinies, sombres et vides du cosmos avec ses milliards d'étoiles, ne m'ont pas vraiment facilité cette foi. Ou alors ils l'ont fait malgré eux : en effet, ils sont un défi pour notre entendement, c'est-à-dire pour interroger nos représentations traditionnelles du ciel et de la Terre et les interpréter à la lumière des connaissances nouvelles apportées par les sciences de la vie et de la Terre.

3. Croire en un enfer ?

Jésus de Nazareth n'a pas prêché l'enfer, bien qu'il ait souvent parlé de l'enfer et qu'il ait partagé les représentations apocalyptiques de son temps. Nulle part Jésus ne manifeste un intérêt direct pour l'enfer. Ce n'est que marginalement et en employant des tournures très traditionnelles qu'il en parle ; il se pourrait même que certaines expressions n'aient été incluses qu'*a posteriori* dans les textes bibliques. Son message est sans conteste un *eu-angelion,* une bonne nouvelle, donc un message non pas de menace, mais de bonheur. L'homme doit accueillir ce message, Dieu lui-même, avec cette confiance qui ne se laisse pas troubler et qu'on appelle « foi » : « Croyez à la bonne nouvelle ! » (Marc 1,14). *Croire* a donc pour

Jésus un sens intrinsèquement positif. Le chrétien croit, pour cette raison, « en » Dieu compatissant tel qu'il s'est manifesté à travers Jésus et tel qu'il est devenu agissant dans l'Esprit Saint. Mais *il ne croit pas « à » l'enfer* – il ne fait pas confiance à l'enfer. C'est à bon droit que le *Credo* ignore l'enfer.

Depuis le siècle des Lumières et très spécialement depuis le temps où, dans l'éducation et la justice pénale, on s'est mis à renoncer à de purs châtiments où manquerait la chance d'un sursis, de nombreuses personnes trouvent, déjà pour de purs motifs humanitaires, insupportable de croire en une punition s'étendant sur une vie entière, et *a fortiori* en une punition éternelle.

Mais comme pour beaucoup d'autres théologiens, le problème n'est pas seulement à mes yeux la pensée de l'humanité, mais quelque chose de plus profond : dois-je vraiment, en tant que chrétien, croire en un tel Dieu ? Un Dieu capable de contempler sans fin la torture de ses créatures, une torture sans espoir, sans miséricorde, sans amour, une torture, disons-le, effroyable, à la fois du point de vue corporel et du point de vue psychique ? Peut-être même en compagnie des saints dans le ciel durant une éternité entière ? Les défenseurs d'un tel Dieu croient que le Dieu infini a besoin, à cause d'une offense soi-disant infinie, de rétablir son « honneur » avec un tel châtiment infini, mais le péché, acte de l'homme, est-il vraiment plus qu'un acte fini ? Et dans le Nouveau Testament, Dieu est-il réellement présenté comme un créancier aussi impitoyable ? Serait-il un Dieu de la miséricorde dont la miséricorde exclut des morts ? Un Dieu de la paix qui prolongerait éternellement une ambiance de guerre et d'inimitié ? Un Dieu de la grâce et de l'amour des ennemis, qui tirerait vengeance sans pitié, pendant toute une éternité, de ses ennemis ? Je me pose la question : Que dirait-on d'un homme qui satisferait d'une manière à ce point irréconciliée et insatiable sa soif de vengeance, fût-elle justifiée en soi ?

Assurément, les ténèbres, les pleurs, les grincements de dents, le feu… sont des images dures pour désigner la possibilité menaçante que l'homme perde totalement le sens de sa vie, au point que sa vie est déjà un enfer. Mais déjà les anciens Pères de l'Église – Origène, Grégoire de Nysse, Jérôme et Ambroise – donnèrent une interprétation métaphorique du feu : il est l'image de la colère de Dieu contre le pécheur. Même le mot « éternel » n'est pas toujours pris dans son sens rigoureux, non seulement à l'époque moderne mais dès l'usage linguistique hébraïque et grec (« cela dure éternellement » veut dire : ce sera tout simplement sans fin, indéfiniment long). Pour le « châtiment éternel » (Matthieu 25,46) du Jugement dernier, l'accent est mis sur le fait que cette punition est définitive, finale, vraiment décisive – et non pas sur le fait que la torture doive durer éternellement. Quelle que soit l'interprétation des textes dans le détail, il faut affirmer que l'« éternité » des peines de l'enfer ne doit pas être posée comme absolue. Il est contradictoire d'admettre l'amour et la miséricorde de Dieu et simultanément l'existence d'un lieu de torture éternel. Non : les « peines de l'enfer » restent, comme tout le reste, soumises à Dieu, à sa volonté et à sa grâce. Ce qui est promis à ceux qui croient, c'est le « royaume des cieux » !

4. Rêver du Ciel ?

Il est impossible de ne pas voir que la représentation d'un ciel s'est radicalement transformée avec les mesures réalisées par les astronomes, avec les aperçus et les perspectives vertigineux offerts par les télescopes et les satellites, les navettes et les sondes spatiales. Le « Ciel » dont parle la foi n'est, à bien y réfléchir, justement pas *un en haut situé au-dessus du monde* : ce n'est pas un ciel au sens physique (cf. l'anglais *sky*) ! Le Ciel de la foi n'est pas le ciel des astronautes, celui dont témoignaient pourtant les astronautes qui lurent à haute voix, au milieu de l'univers, le récit de la Création lors du premier voyage sur la Lune. Non, la représentation naïvement anthropomorphe d'un ciel situé au-dessus des nuages est de la pure superstition. Dieu n'habite pas en tant qu'« Être suprême » « au-dessus » du monde, dans un « monde supérieur » qui serait un lieu dans l'espace. Les chrétiens croient que *Dieu est présent dans le monde*.

Le Ciel de la foi n'est pas davantage *de l'autre côté du monde, à l'extérieur de lui*. Ce n'est pas un ciel au sens métaphysique ! Dieu ne séjourne pas, au sens spirituel ou métaphysique, « en dehors » du monde, dans un au-delà hors du monde, un « arrière-monde ». Les chrétiens croient que *la Terre est contenue en Dieu.*

Le Ciel de la foi n'est donc pas un lieu, mais un mode d'être, car le Dieu infini n'est pas localisable dans l'espace et il est impossible de le limiter dans le temps. Quand il en va du Ciel de Dieu, alors il est question des « domaines » invisibles, de cet « espace vital » de Dieu, le « Père » – dont le ciel physique, visible avec son étendue, sa clarté, la lumière qu'il dispense, peut certainement rester un symbole. Comme le dit poétiquement l'hymne national suisse : « Dans les espaces du ciel éclairé, je puis gaiement et paisiblement rêver. » Mais considéré avec une sobre piété, le Ciel de la foi n'est rien d'autre que le *domaine de Dieu* dans sa sérénité invisible et insaisissable, un Ciel qui n'est pas du tout retiré de la Terre mais qui, au contraire, donne part au règne et au royaume de Dieu, accomplissant, selon le message de Jésus, toute chose pour le Bien.

5. Une confiance dont il faut répondre

Dois-je espérer ou non en une ultime Réalité ? Une vie éternelle, une paix éternelle, un bonheur éternel ? Ceci, c'est l'affaire de la confiance. Mais j'ajoute aussitôt : d'une confiance nullement irrationnelle, d'une confiance, au contraire, qui peut répondre d'elle-même. Il s'agit en effet de la Réalité de cette vie, ici et maintenant : ce sont tous les événements positifs et négatifs vécus dans ce monde, les expériences heureuses dont on voudrait qu'elles durent, mais aussi tout l'insatisfait, tout l'inachevé et tout le provisoire qui demeurent, c'est tout cela qui me donne assez de raisons pour oser un Oui plein de confiance en une vie après la mort. Sans ce Oui, j'aurais l'impression d'avoir en dernière instance une vie sans direction, dépourvue de sens et incertaine. Quoi qu'il en soit et dans tous les cas, une vie extrêmement injuste.

La confiance en Dieu est-elle déraisonnable, irrationnelle ? Non, elle m'apparaît comme la chose la plus raisonnable qu'un homme puisse espérer pour lui-même. Ce n'est pas seulement ce qui est mesurable, ce qu'on peut démontrer du point de vue de la physique, de la biologie ou des mathématiques, qui est réel. Davantage même : ce que nous pouvons voir, toucher, saisir et calculer, ce n'est pas la Réalité ultime. Avec tout le respect que je dois à ceux qui croient autrement, je dirais que c'est précisément le fait, pour l'homme, de devoir entrer par sa mort dans le non-être qui m'apparaît absurde, aussi absurde que la représentation qui veut que le big bang surgisse du néant.

C'est pourquoi je partage avec confiance la certitude suivante : de même que l'homme et le monde ne surgissent pas du néant, de même ils ne retombent pas dans le néant. Le mourir et la mort ne sont que des étapes et un nouvel avenir vient à leur suite. La vie est plus forte que la mort et l'homme meurt pour entrer dans la Réalité ultime et première qui n'est comprise dans rien et qui comprend tout, une Réalité qui n'est pas inanité, mais au contraire Réalité la plus réelle. Cette conviction est celle de juifs, de chrétiens et de musulmans, mais aussi, sous d'autres formes, avec d'autres images et d'autres symboles, celle des autres religions. Là où l'homme atteint l'Ultime de sa vie, ce n'est pas le Néant qui l'attend, mais ce Tout que les juifs, les chrétiens et les musulmans croyants appellent Dieu, et auprès duquel les morts sont entre de bonnes mains. Comment comprendre tout cela ?

6. La personne finie entre dans l'infini : la félicité éternelle

En tant que croyant, je puis donc comprendre ce qu'est pour moi la mort : dans la mort, l'homme est arraché aux conditions qui l'environnent et le façonnent. Du point de vue du monde, pour ainsi dire vue de l'extérieur, la mort signifie une interruption totale de la relation. Mais du point de vue de Dieu, pour ainsi dire vue de l'intérieur, la mort signifie une relation entièrement nouvelle avec lui en tant que Réalité ultime. Dans la mort, c'est un avenir totalement nouveau qui est proposé à l'homme, non pas certes dans sa corporéité de chair et de sang, mais néanmoins comme personne indivise : les morceaux épars de sa vie se rassemblent alors et l'aspect fragmentaire de sa vie prend fin. C'est une vie autre que tout ce qui relève de l'expérience : une vie dans la dimension impérissable de Dieu. Donc une vie qui est hors de notre espace et hors de notre temps : « ici » et « maintenant » dans l'« en deçà ». Pas non plus cependant dans un espace autre et un temps autre, non pas dans un « de l'autre côté » et un « là-haut », un « en dehors de » ou un « au-dessus de », un « au-delà ».

Il est tant d'hommes aujourd'hui qui vivent dans la maladie un long départ à cause des succès ambivalents de la médecine et de l'allongement de la durée de vie. Mais quand l'homme prend congé en mourant, quand il interrompt toutes ses relations extérieures, quand parfois il dépérit organe après organe et que finalement il est étendu sur son lit de mort, absolument privé de toute relation, alors il entame, croyons-nous, une relation nouvelle, cachée à nos yeux. *Vita mutatur, non tollitur* : « La vie est transformée, elle n'est pas enlevée. »

Non, il ne faut pas voir ici une intervention arbitraire de Dieu contre les lois de la nature, mais un accueil de Dieu là où la nature est parvenue à sa fin en vertu de ses propres lois. Non pas un « finir » donc, encore moins un « périr », mais un « accomplir » : la personne finie entre dans l'infini. L'homme entreprend sa marche ultime, décisive, tout autre, non pas dans l'univers ou au-delà de ce dernier, mais au plus intime de l'intime de la Réalité, un domaine situé au-delà de toute empirie, là où, au-delà du domaine subatomique, s'ouvre cette dimension du sans fin qui s'avère être, maintenant seulement, la Réalité la plus réelle, celle qu'on ne peut décrire avec des concepts mais uniquement avec des images : le cœur du monde, son origine, son assise et son but absolus et éternels, la patrie de l'homme qui ne passera jamais, dont il vient et où il retourne. Alors seulement l'homme reconnaît ce qu'est réellement la « Réalité transcendante » : selon la conception biblique, c'est la béatitude éternelle dans la communauté de Dieu, Celui qui crée et Celui qui accomplit.

VIII. La mort déterminée par soi-même : une attitude non chrétienne ?

Dans l'Antiquité, avant tout dans la tradition platonicienne et stoïcienne, on manifesta souvent une relation beaucoup plus libre et sereine avec le suicide que dans le monde chrétien. En voici un seul exemple :

> *Non sum quod fueram, periit pars maxima nostri.*
> *Morte mori melius quam vitam ducere mortis.*
> « Je ne suis pas ce que j'étais, la meilleure part de moi-même s'en est allée.
> Mourir de mort, c'est mieux que mener une vie de mort. »
> (Le poète latin Maximien, au VIe siècle.)

Dans la tradition de pensée platonicienne, le « suicide bilan de vie » était considéré dans le cercle des amis comme un acte suprême de souveraineté et d'autonomie humaine, à en croire l'intervention de Thomas Rentsch, gérontologue et philosophe, lors d'un colloque sur « les cultures de la vieillesse (et du vieillir) » à l'université de Zurich en mai 2014 : environ trente orateurs, presque exclusivement allemands, parlèrent ce jour-là de la situation en Allemagne, en Chine, au Japon et en Inde, alors qu'il ne fut pratiquement pas question de la Suisse. Le gérontologue Thomas Klie (de la faculté de théologie protestante de Fribourg-en-Brisgau) critiqua durement ma position parce que, selon lui, je me déclarais favorable à la possibilité du suicide assisté en « proclamant haut et fort » qu'un âge en situation de dépendance n'était plus une vie. Au contraire, Ralph Kunz, professeur de théologie à Zurich, refusa de partager ce jugement, mais défendit le droit de tout individu à décider du moment où il est « rassasié » de la vie. Cela montrait qu'aujourd'hui de nombreuses personnes ont, même avec un arrière-plan religieux, une relation moins crispée au suicide. Mais la question demeure : le préjugé selon lequel une mort autodéterminée est non chrétienne est-il exact ?

1. Soutenus par Dieu dans la mort

J'ai lu, bouleversé, la lettre envoyée par un vieil ami jésuite d'Extrême-Orient, dont j'avais pu admirer l'engagement pour les gens sur le terrain : « Je t'en supplie à genoux, s'il t'arrivait de ressentir dans quelques années les signes d'une démence précoce, reste avec nous. Ta souffrance deviendra bénédiction et grâce pour nous, de même que la mort terriblement douloureuse de Jésus est devenue salut pour nous. Dans ce salut est aussi incluse par essence l'acceptation de la souffrance. Le Dieu infini te retire la responsabilité de ta vie dans un amour qui pardonne. »

La lettre pleine de reconnaissance d'un couple de Potsdam ne m'a pas moins ému ; pour eux, j'avais été, encore du temps de l'Allemagne de l'Est, « une orientation décisive » à travers mes livres, mes émissions de télévision et mes conférences publiques. Cela les avait renforcés, disaient-ils, « dans leur propre parcours de vie et de foi ». Ils me rappelaient la fin de mon livre *Être chrétien,* car ils y voyaient, comme beaucoup de chrétiens aujourd'hui, « nos maximes de vie » :

> À la suite de Jésus-Christ,
> l'homme peut, dans le monde d'aujourd'hui,
> vivre, agir, souffrir et mourir en vérité :
> dans le bonheur et le malheur, la vie et la mort,
> soutenu par Dieu et au service des hommes.

Mais voici la question critique qu'ils me posaient directement : « Cela ne peut-il pas être important aussi dans votre situation ? Puisque vous nous avez consolés, nous voudrions tenter de vous encourager dans vos problèmes de santé et à votre âge pour garder confiance dans le soutien de Dieu. Nous comprenons que vous soyez parfois désespéré et que vous écriviez : “Je ne veux pas continuer à vivre comme l’ombre de moi-même.” Mais pensez, de grâce, à toutes les personnes, malades, handicapées, moribondes, qui tiennent bon jusqu’à leur dernier souffle parce qu’elles font confiance à la vie, à Dieu. Une mort grâce à l’aide active pour mourir, et même dans une institution commerciale suisse – c’est indigne d’un Hans Küng, que nous aimons à cause de son courage et de sa droiture. Des milliers de gens qui se sont orientés et redressés avec les maximes d’*Être chrétien* seraient déçus. »

Vraiment, je ne voudrais décevoir personne – et pourtant en amener peut-être quelques-uns à réfléchir. D’abord, je ne suis pas désespéré : j’agis animé d’une grande confiance du fait que je me sens « soutenu par Dieu même dans la mort », et pas seulement dans la souffrance et au moment de mourir. Je reconnais ouvertement qu’en écrivant ces lignes il y a quarante-cinq ans dans *Être chrétien,* je n’ai pas pensé au suicide. Mais maintenant, où je vois à quatre-vingt-six ans le risque effectif de n’être plus qu’une « ombre de moi-même », je dois me demander sérieusement si c’est là, vraiment, la volonté de Dieu. Quiconque a lu ce livre jusqu’ici a pu reconnaître que même dans cette ultime grande question de la vie humaine, j’ai parcouru « un long chemin créateur » (pour reprendre des termes de la lettre de Potsdam) et que j’exprime ma conception des choses « de manière logique et éclairante » sans l’imposer à quiconque – même et surtout pour ce quatrième âge de la vie qui m’a été offert par le changement de paradigme qui s’est produit. En outre, j’ai toujours pensé aussi « à toutes les personnes, malades, handicapées, moribondes, qui tiennent bon jusqu’à leur dernier souffle ».

Dans ce contexte, qu’est-ce qui est important pour moi ? Que l’on considère mon attitude devant le mourir comme fondée sur une confiance absolument raisonnable en Dieu, et j’ai le vif espoir de parvenir à en convaincre mes lecteurs. C’est la raison pour laquelle je suis reconnaissant au théologien suisse Simon Peng-Keller (de Chur, près de Zurich) de son article critique paru dans la revue *Stimmen der Zeit** de juin 2014 et intitulée « Le suicide par confiance en Dieu ? À propos d'un argument capital de Hans Küng » ; il y souligne que j'ai consacré des analyses approfondies à la confiance fondamentale déjà dans *Être chrétien,* paru en 1974, et surtout dans *Dieu existe-t-il ?***, un livre paru en 1978 alors qu'il n'était pas encore habituel qu'on parle de la confiance en théologie et dans la société. Certes, je ne me sens pas vraiment compris quand Peng-Keller – un spécialiste de théologie spirituelle – fait le lien entre ma confiance existentielle et la théorie économique du *rational choice*. Ma confiance fondamentale n'est pas un calcul rationnel, mais certainement une attitude raisonnable. On peut absolument voir dans cette confiance en Dieu une « vulnérabilité acceptée », comme dit Peng-Keller. Mais de son côté, il devrait admettre que je ne veuille pas accepter un état sur le modèle de celui de sa grand-tante – état où je ne reconnaîtrais plus mes proches les plus proches et où j'aurais oublié pratiquement tous les événements de ma longue vie. Et que finalement je devrais accepter de surcroît une vie parvenue à un niveau végétatif, personne ne pourra me faire considérer cela comme une volonté de Dieu. C'est même précisément en tant que chrétien que je ne voudrais pas qu'on insuffle cette idée à d'autres personnes concernées.

2. Suivre le Christ, ce n'est pas imiter le Christ

Le Christ Jésus tel qu'il est annoncé dans les évangiles n'appelle pas à l'adorer dans une adoration sans aucune conséquence dans la vie, et pas davantage à l'imiter de façon littérale. C'est le pape Paul VI qui, sous le coup du rejet universel de son encyclique sur la régulation des naissances, prit l'initiative malheureuse d'une telle imitation en remplaçant la crosse de l'évêque de Rome par un crucifix de bronze de forme réaliste. Il le portait devant lui sans

* Revue des jésuites allemands, équivalent partiel de la revue française *Études (NdT).*

** Trad. fr. par Justus Walter et Jean-Louis Schlegel, Éd. du Seuil, 1982.

se demander une seconde s'il n'était pas lui-même responsable de sa propre souffrance (et de celle d'innombrables personnes mal conseillées dans l'Église) du fait de sa décision erronée. La suite du Christ comprise du point de vue biblique veut en effet dire ceci : s'engager derrière lui et dans sa voie *en prenant sa propre voie* selon son enseignement. Suivre le Christ ne signifie donc par une imitation éthique de la voie du Christ, ce n'est pas copier fidèlement un modèle de vie.

Plus encore que Paul VI, Jean-Paul II s'est identifié au Crucifié. Il fit broder sur son pallium* cinq clous rappelant les cinq plaies du Christ. Au lieu de renoncer à sa charge comme son successeur Benoît XVI quand il ne fut plus en mesure de l'assurer, il permit que sa maladie et sa mort fussent mondialement répercutées par les médias. Le Christ n'était pas descendu de sa croix : c'est ainsi qu'il justifia son maintien sur le saint Siège. Au lieu de remettre son pouvoir, il laissa son entourage gouverner l'Église.

Pourtant, la croix de Jésus reste incomparable, son abandon à Dieu et aux hommes unique, sa mort ne peut être répétée. Être abandonné exactement comme lui par Dieu et par les hommes, endurer les mêmes souffrances, être transpercé des mêmes plaies... : ce n'est pas cela, le *sens* de la suite de Jésus, c'est même plutôt le contraire. Le défi pour celui qui veut le suivre dans son chemin sur la croix est celui-ci : prendre sur soi sa *propre* croix, affronter le risque de sa *propre* situation et aller son *propre* chemin malgré l'incertitude de l'avenir. Du point de vue théologique, cela signifie une suite du Christ vécue non pas sur le mode de l'imitation, mais sur le mode de la « corrélation », de la correspondance.

La souffrance de l'homme reste souffrance, sa mort reste la mort. La souffrance et la mort sont une offensive contre la vie de l'homme. Il ne s'agit pas de réinterpréter la souffrance, de la minimiser ou de la glorifier. Il faut éviter de la rechercher pour se

* Sorte d'écharpe en laine que portent, sur la chasuble (la toge revêtue pour célébrer la messe), le pape et les archevêques (c'est-à-dire les évêques responsables non seulement d'un diocèse, mais d'une région qui en comporte plusieurs) *(NdT).*

faire souffrir, éviter d'y trouver – fût-ce par ascèse – du plaisir. Il n'est pas bon de l'accepter stoïquement, de la supporter dans une a-pathie qui ne manifeste pas le moindre sentiment. Nous devons bien au contraire la combattre par tous les moyens et autant que possible l'éliminer dans notre vie individuelle et sociale, dans les personnes et les structures.

Dans les sociétés modernes, la tâche et le devoir des chrétiens consistent à participer aux combats de toutes sortes contre la souffrance, la pauvreté, la faim, les injustices sociales, la maladie et la mort. Le monde moderne a charrié avec lui de nombreuses souffrances nouvelles, mais aussi d'immenses possibilités pour les dominer, comme le démontrent les succès de la médecine, de l'hygiène, de la technique, du bien-être social. Ne pas chercher, donc, la souffrance, mais l'endurer quand elle vient, et non seulement l'endurer, mais la combattre. Et par voie de conséquence, la suite du Christ sur la croix et l'aide à mourir ne s'excluent nullement.

Il devient clair de la sorte que Jésus demeure, en tant que serviteur souffrant de Dieu (cf. Isaïe 52,13-53,12), l'exemple d'un homme qui a souffert de manière unique la souffrance inévitable, d'un homme qui est consolation pour les agonisants et promesse de vie nouvelle pour les mourants. Cependant, la mort terrifiante qui lui fut imposée sur la croix ne doit pas servir à renvoyer à plus tard ce qui est possible aujourd'hui, elle ne doit pas faire éviter la décision, portée par une responsabilité personnelle, quant au moment et à la manière de sa propre mort. Mais l'Église offre-t-elle quelque espace pour cela ?

3. Doctrine de l'Église et pratique de l'Église

Le philosophe espagnol Antonio Monclus, de l'université Complutense à Madrid, a récemment montré dans un essai magnifiquement documenté, intitulé *L'Euthanasie, une option chrétienne**,

* En espagnol, *La Eutanasia, una Opcion christiana*, Grupo Editorial Universitarion, Grenade, 2010.

que dans l'histoire de l'Église il a existé plusieurs options par rapport à l'aide à mourir, une aide qu'il nomme toujours « euthanasie ».

Le suicide est jugé différemment selon les époques. Durant l'époque préconstantinienne, lors des persécutions, il arrive qu'on rapporte avec éloge qu'un membre de la communauté chrétienne a préféré se tuer lui-même plutôt que de céder à la torture, au viol ou à la relégation dans un bordel. Cependant, durant la période après Constantin (autour de 400 apr. J.-C.), on assiste à un changement – avant tout sous l'influence de saint Augustin et de sa vision pessimiste de la vie, influencée par le manichéisme : l'euthanasie est alors condamnée comme un crime et un péché, ce qui rendit par la suite la question taboue dans la tradition chrétienne. Par ailleurs, Jésus lui-même n'a jamais parlé d'euthanasie. Mais la tradition chrétienne la proposa de plus en plus, si radical soit le contraste avec la souffrance humaine, comme un modèle moral pour supporter la douleur et la souffrance. Dans l'histoire de l'Église, il exista toujours, *de facto,* une place pour l'euthanasie en tant qu'option chrétienne. En effet, contrairement à la doctrine officielle, la pratique de l'Église atteste de nombreux exemples d'une « bonne mort », d'une « attitude euthanasique » de mort naturelle, une attitude parfaitement admise, sous de multiples formes : à commencer par celles des martyrs durant les Croisades et les guerres de religion jusqu'à l'usage de certains principes comme celui de la « guerre juste » ou de la peine de mort. Il faudrait méditer tout cela quand on parle de la permission ou non de l'euthanasie. Il vaudrait la peine d'étudier et de discuter plus avant les thèses complexes exposées dans le livre de ce philosophe espagnol.

Cependant, il existe sans aucun doute une rupture et un fossé entre la conception antique et la conception chrétienne du bien mourir. Et pourtant je suis fondamentalement d'avis que l'idéal d'une organisation rationnelle et consciemment assumée de la vie et de la mort, laissant le moins possible place au destin, peut être relié à l'idéal d'une attitude modeste devant la vie et le mourir – une attitude qui remet avec confiance la fin de vie entre les mains de Dieu. Le suicide à un grand âge de par la confiance en Dieu renvoie foncièrement à la fois à l'humilité et à l'autodétermination, à l'abandon et à l'action libre, à la foi et à l'agir responsable devant Dieu.

4. Prière

Je me réclame d'une foi chrétienne réfléchie, donc d'une foi traversée par la pensée critique, en Dieu et en une vie éternelle. Les deux vont pour moi ensemble. La foi en une vie éternelle sans foi en Dieu n'aurait pas de raison d'être, elle serait sans fondement. Inversement, une foi en Dieu sans foi en une vie éternelle manquerait de cohérence, elle n'aurait aucun but.

Pour éclairer ma conviction, je voudrais achever ce livre par une prière, celle qui termine déjà le troisième et dernier tome de mes souvenirs, *Humanité vécue*. Peut-être l'une ou l'autre lectrice, l'un ou l'autre lecteur, se trouveront-ils stimulés pour écrire leur propre prière avec leurs propres mots, fût-ce de façon beaucoup plus brève. Et qui sait ? Peut-être même une Église qui aura reconnu les signes du temps se sentira-t-elle poussée à tenter non seulement une prière, mais une liturgie du mourir personnalisée pour ces gens-là ?

Notre vie est courte, notre vie est longue.
Et je suis là, plein d'étonnement devant une vie
qui a connu ses tournants inattendus
et pourtant aussi sa direction rectiligne :
une vie de plus de trente et un mille jours,
des jours heureux et des jours sombres, changeants,
qui ont charrié avec eux tant d'expériences
du Bien et du Mal,
une vie dont malgré tout, je puis dire encore aujourd'hui :
c'était bien ainsi.
J'ai reçu incommensurablement plus
que ce que j'ai pu donner ;
toutes mes bonnes intuitions et mes bonnes idées,
mes bonnes décisions et mes actes justes
me sont offerts, permis par grâce.
Et même là où j'ai pris des décisions fausses

et où j'ai mal agi,
Tu étais mon guide invisible.
Je demande pardon
pour tout ce en quoi j'ai failli.
Sois remercié, Toi, l'Insaisissable, Celui qui englobe tout
et traverse toute chose.
Cause, maintien et sens à l'originel de notre être,
que nous nommons Dieu,
Toi, le grand Mystère, le Mystère ineffable
De notre vie,
Toi, l'Infini dans tout le fini
Toi, l'Inexprimable dans tous nos discours.
Je Te remercie pour cette vie
avec tout ce qu'elle comporte de non clair et de surprenant.
Je Te remercie pour tous les événements vécus
les lumineux et les obscurs.
Je Te remercie pour tout ce qui était réussi,
Et pour
ce que Tu as finalement changé en bien.
Je Te remercie d'avoir fait en sorte
que ma vie devienne une vie réussie,
pas seulement pour moi seul, mais pour ceux
qui ont eu part à cette vie.
Le plan selon lequel se déroule notre vie,
Avec toutes ses errances et ses péripéties,
Toi seul le connais.
Nous ne connaissons pas Tes intentions pour nous
De prime abord.
Nous ne pouvons voir, comme Moïse et les prophètes, Ton visage
Dans ce monde.
Mais comme Moïse dans le creux du rocher
A pu voir de dos le Dieu qui passait,
Nous pouvons nous aussi voir Ta main, Seigneur,
Dans nos vies, après coup,
Et nous avons l'occasion d'apprendre
que Tu nous as portés et conduits,
et que ce que nous avons décidé et fait nous-mêmes,
c'est Toi qui l'as toujours orienté vers le Bien.

C’est ainsi que je dépose aussi entre Tes mains,
serein et confiant, l’avenir.
Ce seront peut-être des années, ou seulement quelques semaines ;
je me réjouis de toute journée nouvelle
qui m’est offerte,
Et je Te laisse, plein de confiance et sans inquiétude ni peur,
tout ce qui m’attend encore.
Car de même que Tu es le Commencement du commencement,
et le Milieu du milieu,
Tu es aussi la Fin de la fin
et la Destination de toutes les destinations.
Je Te remercie, mon Dieu,
car Tu es amical
et Ta bonté demeure pour toujours.
Amen, qu’il en soit ainsi.

Post-scriptum dû aux circonstances actuelles

Durant l'été 2014, au cours des ultimes préparatifs avant l'impression de ce livre, l'auteur a traversé une grave épreuve de santé : une séquelle des avancées de sa maladie de Parkinson. Littéralement, une nuit, le contrôle de sa vie sembla glisser de ses mains – un état qui ne s'améliora que peu à peu, après des semaines de soins médicaux intensifs.

C'est exactement cette épreuve que je voulais éviter : n'être pratiquement plus capable de décider moi-même de ma vie et de ma mort, d'avoir peut-être « laissé passer » le moment. Avec l'éditeur Piper, nous avons donc réfléchi ensemble : mon principal objectif n'était-il pas définitivement contrecarré, ce livre n'était-il pas devenu sans objet et ne valait-il pas mieux ne pas le publier ?

Après une discussion de fond, nous nous sommes décidés pour la publication. J'ai toujours été conscient qu'un tel sort pouvait m'atteindre et que le désir de garder le contrôle de ma vie jusqu'à la dernière seconde était une visée idéale. Les épreuves traversées durant ces jours et ces semaines m'ont renforcé dans l'idée que même dans une grave épreuve de santé, tout homme devait d'abord tout tenter, tout ce qui est médicalement possible, pour rétablir sa santé Aussi suis-je heureux d'avoir surmonté cette situation difficile, de pouvoir revenir à la vie. C'est pourquoi je dédie ce livre avec reconnaissance à mes médecins, thérapeutes, soignants et à tous les hommes et femmes qui m'ont accompagné.

Rien n'est changé pour ce qui est de l'actualité et de l'urgence de mon objectif. Tout individu a la responsabilité et le droit, devant Dieu et les hommes, de décider de sa vie et de son mourir. Cette autodétermination me semble théologiquement bien justifiée et éthiquement elle s'impose. Avec cette conviction, je voudrais, comme je l'ai dit dans l'« Avant-propos », « apporter une contribution à un débat de longue haleine et faire entendre la voix d'un théologien chrétien, lui-même existentiellement concerné par ces problèmes ». Après la crise traversée, le fait que je suis existentiellement concerné est plus fort que jamais, et ma conviction inchangée.

Sursee (Lucerne), août 2014
Hans Küng

Table

Du même auteur

AUX MÊMES ÉDITIONS

Dieu existe-t-il ?
1981

Vie éternelle ?
1985

Le Christianisme et les Religions du monde
1986

Une théologie pour le IIIe millénaire
1989

Christianisme et Religion chinoise
(en collaboration avec Julia Ching)
1991

Projet d'éthique planétaire
La paix mondiale par la paix entre les religions
1991

Être chrétien
« Points Essais » n° 284, 1994

Le Judaïsme
1995

Credo
La confession de foi des Apôtres
expliquée aux hommes d'aujourd'hui
1996

Petit traité du commencement de toutes choses
2008

Faire confiance à la vie
2010

Peut-on encore sauver l'Église ?
2012

Jésus
2014

CHEZ D'AUTRES ÉDITEURS

Liberté du chrétien
Éd. du Cerf - Desclée de Brouwer, 1990

Prêtre, pour quoi faire ?
Éd. du Cerf - Desclée de Brouwer, 1990

Garder l'espoir
Écrits sur la réforme de l'Église
Éd. du Cerf, 1991

L'Islam, un défi pour le christianisme
(direction en collaboration avec Jürgen Moltmann)
Beauchesne, 1994

Mon combat pour la liberté
Mémoires I
Éd. du Cerf - Novalis, 2006

Une vérité contestée
Mémoires II
Éd. du Cerf - Novalis, 2010

L'Islam
Éd. du Cerf, 2010

Les Religions au service de la paix
Éd. du Cerf - Novalis, 2010

RÉALISATION : IGS-CP À L'ISLE-D'ESPAGNAC
IMPRESSION : CPI FIRMIN-DIDOT À MESNIL-SUR-L'ESTRÉE
DÉPÔT LÉGAL : SEPTEMBRE 2015. N° 123622 (129896)
– Imprimé en France –